AF113564

Milie, enfant à naître…

Un autre regard sur l'autisme

Collection Au-delà du témoignage

dirigée par Dominique Davous

Quand le meilleur devient le pire !

Quand soudain, sur le chemin surgit l'événement, celui-là même qui peut vous terrasser et vous laisser au bord, celui-là même aussi qui peut faire de vous un autre...

Des hommes, des femmes racontent et se racontent. Ils utilisent l'écriture comme un filet pour empêcher la chute. Ils refusent la violence du silence qui enferme.

Ces hommes, ces femmes qui écrivent ne s'arrêtent pas au pourquoi mais s'engagent sur le chemin du pour quoi, en vue de quoi... Ils retraversent leur vécu et en dégagent les lignes de force. Ils introduisent la pensée dans l'expérience, rejoignent l'universel dans le singulier et risquent une parole critique pour suggérer d'autres possibles. Ils jettent un pont vers le lecteur et l'incitent à les rejoindre.

Dominique Davous, que la mort d'un de ses enfants a conduite à l'écriture, dirige la collection *Au-delà du témoignage*, dont elle propose qu'elle devienne pour ceux qui la fréquenteront, auteur ou lecteur, un jardin où l'on se promène avec envie... contre le pire et pour le meilleur

Déjà parus

Aline BOULETREAU, *Un enfant né très prématurément*, 1999.
Jeanne JORAT, *Une enfant face au sida, Daphné ou l'art de vivre*, 1999.
Marie DELL'ANIELLO, Gilles DESLAURIERS, *Rencontre entre un thérapeute et une famille en deuil*, 2000.
Jeannine DEUNFF, *Dis maîtresse, c'est quoi la mort ?*, 2001.
Annick ERNOULT, Dominique DAVOUS, *Animer un groupe d'entraide pour personnes en deuil*, 2001.
J. LAVILLONNIERE, E. CLEMENTZ, *Naître tout simplement*, 2001.

Michèle BROMET-CAMOU

Milie, enfant à naître…

Un autre regard sur l'autisme

L'Harmattan	**L'Harmattan Hongrie**	**L'Harmattan Italia**
5-7, rue de l'École-Polytechnique	Hargita u. 3	Via Bava, 37
75005 Paris	1026 Budapest	10214 Torino
France	HONGRIE	ITALIE

© L'Harmattan, 2002
ISBN : 2-7475-1909-0

A ma mère qui m'a appris à oser.
A mon père qui m'a permis de rêver.

Merci à toi, Milie de m'avoir encouragée à écrire ton histoire ou plutôt notre histoire.

Tu attends ce livre avec impatience. Il est là aujourd'hui, garant que les rencontres les plus impensables, peuvent exister !

Prends bien soin de toi.

Michèle BROMET-CAMOU

Préambule

Tout être humain qui vient au monde tisse des liens avec ceux qui l'accueillent. Criant, geignant ou montrant son bien-être, il sollicite ceux qui l'entourent.

Bien avant de naître, le bébé existe déjà dans l'imaginaire de ses frères et sœurs, de ses parents, grands-parents, de sa famille élargie. Il existe à travers les rêves, les projets construits depuis et par plusieurs générations.

Les familles bâtissent leur toile, trament, complotent autour de cet enfant à venir.

Or, dans un nombre de cas qui reste extrêmement limité, au bout de quelques mois de vie, parfois même de quelques semaines, les parents s'aperçoivent que l'enfant ne met en place avec eux aucun échange. Il ne tend pas de perches, il ne jette pas de ponts. Il semble mettre ses parents dans l'impossibilité de poursuivre le tissage de manière vivante.

Le vide et l'étrange qu'affiche l'enfant, pour qui, bien plus tard, sera posé un diagnostic d'autisme, vont faire écho chez les adultes qui l'entourent. L'étrangeté de celui qui n'est encore souvent qu'un bébé va venir rappeler d'autres vides, d'autres accrocs, d'autres étrangetés. La famille est alors fragilisée et, de béances en béances, on pourra parler d'une forme de destruction qui attaquera en profondeur la trame même du tissu relationnel vivant.

Ainsi les membres de la famille sont, tour à tour, déstabilisés par la présence dans leur filiation d'un enfant autiste. Ils sont alors en risque de devenir de moins en moins aptes à utiliser les ressources nécessaires pour continuer à vivre et construire ensemble.

L'enfant autiste va parfois rendre impossible l'existence de liens cohérents, entraînant ainsi la rupture d'autres liens et provoquant une avalanche d'aberrations relationnelles qui viendront en quelque sorte rejoindre et renforcer ses propres incohérences.

Après une vingtaine d'années de travail avec des enfants autistes, je suis persuadée qu'une des meilleures choses que peuvent faire des parents pour leur enfant en grave difficulté est de rester en " bonne santé " et de se relier de la manière la plus vivante qui puisse être.
Cela revêtira des formes différentes selon les histoires, les modes de vie et les projets de chaque famille. Cela nécessite dans tous les cas, qu'elle se sente très soutenue.
Les thérapeutes qui accueillent l'enfant en institution ou en soins ambulatoires connaissent, eux-aussi, la dimension déterminante que constitue la cohérence de leurs propres liens.

J'ai choisi de retracer ici l'histoire de Milie, enfant autiste, que j'ai accompagnée pendant seize ans au cours d'une psychothérapie, revêtant des formes variées au fil de l'évolution de cette " rencontre ". L'articulation de la psychothérapie et du travail au quotidien s'est révélée essentielle.

Le quotidien, c'est bien sûr la famille, c'est aussi dans le cadre du soin, la " ferme thérapeutique " qui a accueilli Milie dès son arrivée (elle avait alors trois ans et demi.) Le quotidien est aussi constitué de tous les autres lieux : classes thérapeutiques, groupes de vie, ateliers qui ont jalonné son parcours.

12

Cette histoire n'est pas exactement celle de Milie. Elle est plutôt celle du tissage long et périlleux élaboré par sa famille et ses thérapeutes, d'une sorte de toile, à l'allure très particulière. Un jour qui nous parut s'être fait attendre longtemps, Milie s'est mise à regarder, à reconnaître les fils de cette toile, les liens qui, pour elle alors, ont pris sens. Nous l'avons vu se mettre à tisser à son tour, à modifier la texture, l'allure, à faire des trous, à tenter des déchirements et enfin à y mettre des couleurs inattendues.

C'est alors avec elle, que nous avons continué à créer.

CHAPITRE 1

Une enfant d'" ailleurs "

" Be'dâa... Be'dâa... ", voilà les sons que tu laisses sortir de ta bouche. Tu as un peu plus de trois ans. Accroupie dans un coin de la grande cour de la ferme thérapeutique, tu " bedasses ", ont fini par dire les infirmières qui t'accueillent. La première syllabe de ton leitmotiv, le " be ", nous laisse voir tes lèvres bouger, un peu comme si tu faisais la moue. Quelque chose en toi boude. Tu sembles exprimer de manière codée et répétitive ton mécontentement. La seconde syllabe, le " dâa... ", paraît être essentiellement destinée à te procurer des sensations, à te laisser entendre par l'intérieur les vibrations de ton arrière-gorge, te confirmant ainsi dans un petit bout d'existence.

Tu viens d'arriver pour une " observation ", terme qui m'a toujours semblé bien impropre à dire ce qu'il aurait à dire. Comment pourrait-on, en effet, observer un être humain sans être soi-même impliqué ?

Ce que nous pouvons découvrir, c'est moins l'autre que ce qu'il tisse ou ne tisse pas avec nous. Tu es accueillie à la " ferme thérapeutique " pour que les soignants commencent à mener un premier repérage des fils, des liens tendus, rompus, tordus entre toi et eux, entre toi et les autres enfants. Ils vont ensuite tenter d'imaginer ce que tu peux prendre pour ta vie parmi tout ce qu'offre ce lieu particulier de la ferme.

" Be'dâa... Be'dâa... Be'dâa... ", tu es là, presque transparente, la partie supérieure de ton corps emboîtée dans la partie inférieure, recroquevillée comme un fœtus, n'occupant que la moitié de ton espace vital.   Les yeux révulsés vers le ciel, tu te coinces dans les positions les plus inconfortables, sûre ainsi de ne t'accorder aucune tendresse, te laissant glisser dans le mal-être. Ne serait-il d'ailleurs pas plus juste de parler de non-être ?

Nous venons nous accroupir près de toi, à la distance que tu nous demandes implicitement de respecter. Plusieurs fois, pendant ces quelques semaines dites d'observation, je viendrai tenter d'imaginer là, ce que tu vis. Enfermée dans ta " bulle ", tu ne peux guère être dérangée. Tu sembles avoir passé une sorte d'accord tacite avec le monde, acceptant de survivre, si le " monde " ne te demande rien. Ainsi, dès que je m'approche un peu de toi, dès que j'exprime une intention à ton égard, tu t'agites et tu t'en vas.

" Be'dâa... Be'dâa... Be'dâa... ", personne ne parviendra jamais à traduire vraiment. Et puis, le faut-il ? Notre recherche qui vise à mettre du sens sur ce que nous ne comprenons pas, n'a-t-elle pas souvent comme projet de nous rassurer et de tenter de combler le vide dans lequel l'étrange nous laisse ?

Et toi, tu pousses l'étrange jusqu'à l'extrême. Ta maigreur, ta petite taille et ton allure d'extraterrestre ne permettent de te référer à aucun enfant de ton âge. Tu sembles passer dans ce monde sans t'y accrocher.

Moi, je reste là, à distance, pour ne pas rompre ce fil invisible. Tu imposes cet espace sans rien dire, sans même regarder. Il semble en être de même pour la nourriture que tu prends du bout des lèvres. Ton alimentation se réduit depuis que nous te connaissons à deux ou trois cuillerées de yaourt par repas. Tu survis plus que tu ne vis.

" Be'dâa... Be'dâa... ", histoire sans parole...

Tu es là, sans y être. Tu regardes sans voir, tu entends sans écouter, tu laisses sortir de ta gorge des bruits, sans communiquer. Tu vis au milieu des autres, sans les rencontrer.

Le plaisir semble absent de ta vie, la souffrance aussi.

Tu t'appelles Milie.

Anesthésie

J'ai rencontré des êtres qui ont mis des années
A quitter tous leurs liens, traversant des forêts,
Des rivières, des montagnes. Pas à pas, ils tentaient
De sortir de la toile qui les tenaient serrés.
Certains ont réussi. Pour eux, la solitude
S'est gagnée tout au bout d'un long chemin très rude.
Toi tu savais déjà, avant d'avoir appris,
Pratiquer sans effort, la grande Anesthésie.
Ne pas souffrir, ne pas sentir et donc ne pas se relier,
C'était ton choix, peut-être, avant même d'être née.

A la recherche d'un diagnostic.

Nous sommes en septembre 1980, M. et Mme M., les parents de Milie, trois ans et demi, l'amènent à la consultation de pédopsychiatrie. Ils ne comprennent pas vraiment ce qui leur arrive. Assis dans la salle d'attente, ils croisent le regard d'autres parents, d'autres enfants, et se demandent bien " à quelle sauce ils vont être mangés ".

Ce lieu dans lequel leur médecin traitant les a envoyés, c'est, pour eux, le lieu de la folie. Des enfants circulent, entrent, repartent. Les questions qu'ils se posent, deviennent vite envahissantes :

- Est-ce qu'il va falloir la laisser ici ? Que vont-ils faire avec elle? Il faut qu'elle aille à l'école comme les autres ! On sent bien qu'elle est intelligente, c'est sûr que ça ne peut pas être très grave !

Lorsque M. et Mme M. arrivent à la consultation, ils ont déjà rencontré plusieurs fois leur médecin-traitant, lui confiant leurs angoisses, mais ils ne se sont sentis ni entendus, ni compris. Ils se sont mis ensuite en quête d'un trouble éventuel de l'audition et d'étape en étape, sont arrivés au centre de consultation médicopsychologique.

Ce parcours ressemblait, il y a vingt ans, à beaucoup d'autres. Les enfants qui présentaient de graves troubles de la personnalité étaient rarement vus par les équipes psychiatriques avant l'âge de trois ou quatre ans. Ce n'est qu'une dizaine d'années plus tard qu'un travail de prévention dans les services de maternité et de pédiatrie s'est mis en place. Une collaboration active avec les pédiatres nous permet de rencontrer maintenant des bébés de quelques mois pour lesquels les parents sont dans de graves inquiétudes.

C'est à moi que revient la dure tâche de les recevoir. J'assure la fonction de psychologue clinicienne dans ce service de pédopsychiatrie depuis 1970. Je sais qu'il est souvent plus facile pour des parents d'aller consulter un psychologue qu'un psychiatre.

Cependant Madame C., médecin-chef du service et moi-même avons l'habitude de travailler ensemble dès les premières consultations lorsque les difficultés de l'enfant nous paraissent sévères. Nous savons en effet que les propositions thérapeutiques auront à être envisagées sur le long terme et que la famille aura besoin d'être soutenue. Nous savons aussi que nous aurons, nous, soignants, à inventer, que le chemin sera difficile, parfois désespérant, et qu'il faudra encore réinventer.

Le service de pédopsychiatrie accueille, alors depuis dix ans, des enfants ayant des graves troubles de la personnalité.

Ces dix années me laissent le souvenir d'une période particulièrement faste. Elles constituent aussi les dix premières années de ma vie professionnelle. Elles sont empreintes du plaisir d'avoir pu chercher, lire, me former, échanger, d'avoir osé, créé et pu montrer mes défaillances. Pendant ce temps-là, nous tous, thérapeutes d'enfants, réajustant nos places et nos différences, tissons cette toile dans laquelle Milie et sa famille viennent en quelque sorte de " débarquer ".

Je me rappelle ce lundi du mois de septembre et revois Milie " l'air de rien " entrer dans mon bureau.

Sa maman la tient par la main, mais rapidement Milie échappe à ce contact. Elle ne s'approche ni des jouets, ni d'aucun d'entre nous. Elle reste immobile, puis brusquement se met à arpenter la pièce. Son regard est ailleurs ou paraît nous traverser. Milie pratique l'évitement avec une habileté folle, habituée à ne voir que ce qu'elle choisit de voir. Les petites éraflures sur le sol du bureau semblent capter une grande partie de son attention.

Plusieurs fois, elle se " poste " devant la porte et saisit le bras de son père, comme pour dire qu'il est temps de partir. Elle semble entraînée à se servir des êtres comme s'ils étaient des choses pour arriver à ses fins.

M. et Mme M. sont là, tous les deux, démunis et inquiets. Ils parlent beaucoup et tentent de se rassurer devant ce qu'ils commencent à entrevoir de la " différence " de leur petite fille.

Alors voilà qu'ensemble, au fil de ce que va montrer Milie tout au long de la séance, nous repérons le difficile, voire l'impossible chemin qui mène jusqu'à elle. Durant cette première rencontre, je ne pense pas avoir utilisé d'autres mots que ceux de M. et Mme M. Ils m'ont paru particulièrement adéquats:

Mme M. s'exprime ainsi :

- Milie boutique toute la journée, elle s'occupe à rien. Je n'ai jamais pu croiser son regard... Elle ne fait que ce qu'elle veut... Elle semble ne pas entendre, mais elle n'écoute pas... Elle est toujours dans son coin...

Alors M. M. réplique :

- Elle me ressemble, je n'ai jamais aimé qu'on se mêle de mes affaires !

Bien sûr, il se défend, face à la souffrance induite par l'étrangeté de Milie, mais il sent aussi profondément, au-delà de toutes leurs différences, combien elle reste sa fille. Et ceci est, et va se montrer tout à fait essentiel pour que Milie puisse, un jour, s'y retrouver.

Alors, que restituer à ces parents qui savent sans savoir ? Que peut-on dire lorsqu'on sait que les termes " d'état psychotique " et de " traits autistiques " (ce sont ceux qui me paraissent, à ce moment là, les plus justes) portent en eux-mêmes la condamnation de toute évolution dynamique ? Il suffira à M. et Mme M., comme l'ont déjà fait beaucoup d'autres parents, de se précipiter sur le dictionnaire dès leur retour à la maison.

Je fais alors le choix de leur énoncer le caractère très préoccupant de la manière d'être au monde de Milie et en même temps de leur confirmer que probablement nous allons pouvoir les aider. Je leur demande de consulter le pédopsychiatre, médecin-chef du service. Cela va leur permettre de revenir avec d'autres questions et nous donner le temps de commencer à imaginer des propositions thérapeutiques.

La collaboration de M. et Mme M. à notre travail sera immédiate et extrêmement précieuse. Ainsi nous allons avoir très vite connaissance d'éléments importants de leur histoire.

Un bébé absent.

La naissance de Milie racontée par sa maman est déjà l'histoire d'un dialogue difficile :
- J'étais à terme, j'avais des contractions et je sentais que mon bébé poussait. Quand je suis arrivée à la maternité, on m'a dit que ce n'était pas le bon moment. J'ai eu l'impression que les sages-femmes avaient trop de travail, on m'a fait une piqûre et on m'a renvoyée chez moi.

Je sais maintenant que ce récit et d'autres, semblables à celui-ci, ont participé au choix que j'ai fait, quelques années plus tard, de travailler avec les équipes de maternité. Combien de fois depuis, me suis-je rappelée cette histoire, lorsque les futures mamans viennent donner naissance à leur bébé ! Entendre une femme qui arrive à l'hôpital, c'est prendre soin du lien qui l'unit à son enfant, c'est déjà participer à un travail de prévention de difficultés à venir. Si elle doit repartir chez elle, il s'agira d'un projet négocié. Alors seulement elle pourra continuer à se relier harmonieusement à son bébé à naître.

La maman de Milie se disait prête et n'a pas été entendue. On l'a renvoyée. Dans les quelques jours qui ont suivi, elle dit ne plus avoir senti cet accord entre elle et son bébé, cet accord qui l'avait amenée jusqu'à la maternité. Puis la date du terme étant dépassée, elle dit : " on a provoqué l'accouchement ". " On ", c'est quelqu'un d'autre qui se met à penser à leur place, à la place de la mère et à celle de l'enfant.

Bien sûr, des histoires comme celle-ci, nous en rencontrons souvent. Enfants et parents les traversent, créant à nouveau, plus tard, des liens harmonieux. Pour d'autres, comme pour Milie et sa maman, cette expérience-là de la naissance, c'était déjà ne pas pouvoir faire, sentir et être ensemble.

Plus tard, au moment de la grossesse de sa troisième fille, Mme M. se souviendra de celle de Milie :

- Elle bougeait peu, j'aurais dû la masser, forcer peut-être la communication avec elle. A ce moment-là, je n'y pensais pas, c'était la première.

Mme M. dira encore :

- Avec elle, le plaisir n'est jamais venu, elle n'a jamais accepté que je la serre dans mes bras, elle était raide... Elle n'a jamais eu envie de nous rejoindre dans notre lit... Elle prenait le biberon parce qu'il le fallait. Dans mes bras, elle criait et ne se lovait pas. Elle ne s'est jamais abandonnée...

Comme il est difficile de devenir mère d'une petite fille qui n'accepte pas les liens que l'on tisse avec elle, ceux-là même qui l'invitent à être dans le monde !

Milie semble déjà mener " sa danse " sans sa maman, accordée à un autre rythme, dans un autre espace et un autre temps.

Et puis, à neuf mois, l'âge où habituellement les enfants montrent leur besoin d'être au milieu des autres, Milie semble tenter de " s'effacer ". Sa maman la découvre inerte dans son lit.

De ce moment-là, M. et Mme M. rapportent des souvenirs extrêmement douloureux. L'état " d'absence " du bébé provoque une grande angoisse qui va s'amplifier au moment de l'accueil qu'ils ont eu dans leur service de pédiatrie.

Pour la deuxième fois, dans la vie de cette famille, le personnel hospitalier ne semble pouvoir prendre le temps de se relier ni aux parents, ni à l'enfant.

Et cette seconde expérience, qui sera vécue comme un rejet, vient renforcer la fragilité des fils de la toile, déstabilisant encore le difficile tissage de ce bébé dans sa famille et laissant glisser chacun dans le non-sens.

M. M. rapporte :

- Ils me l'ont pris des bras, l'ont déshabillée pour lui mettre la petite chemise blanche de l'hôpital. C'était comme si ce n'était plus notre enfant. J'avais envie de hurler, mais je n'ai rien dit. Je m'en veux encore...

Quant à l'attitude de la petite Milie, elle est étonnante. Alors qu'elle a tout juste neuf mois, âge où la séparation devrait provoquer une très forte angoisse, elle se tait et se laisse arracher des bras de son père. Habillée de blanc, presque transparente, inexistante, elle accepte de devenir " objet ".

Rappelons que nous sommes en 1977 et que depuis ce temps-là, les services de pédiatrie ont, pour beaucoup d'entre eux, fait une avancée importante dans le soin apporté aux interrelations des parents et des enfants.

Milie reste seule dans ce service où elle est admise en hospitalisation complète pour plusieurs jours, " le temps d'effectuer les examens nécessaires," disent les médecins.

Ses parents obtiennent l'autorisation de " passer " la voir tous les deux jours.

- Elle était derrière une vitre ou plutôt une sorte de vitrine, dans une chemise blanche, maintenue à l'aide d'épingles de nourrice...

M. et Mme M. rapportent cette histoire sordide avec une émotion intense. Leur colère est si peu retenue qu'il me semble participer à cette scène, et voir là, ce petit bébé défait de ces liens familiaux, devenu propriété de l'hôpital, attaché par des épingles qui n'ont de nourrice que leur nom.

- Nous n'avions pas le droit de la toucher... Il valait mieux qu'elle ne nous voit pas. Elle se serait mise à pleurer, nous disait le personnel. Nous étions de jeunes parents et nous n'osions pas enfreindre la règle médicale.

Ce type de règles n'a-t-il pas comme objectif essentiel de protéger les soignants contre les émotions qu'ils seraient amenés à éprouver si l'enfant et les parents osaient exprimer les leurs ?

Et si Milie avait pu pleurer, crier, tendre les bras à ses parents ?

L'intérêt que j'ai développé pour le travail en périnatalité prend sa source en partie dans cette " histoire ". Mais regardons de plus près ce qui se passe pour Milie, durant et après son hospitalisation.

Milie semble avoir accepté de ne rien ressentir. Elle ne regarde pas, ne crie pas et suit la voie qui, d'une certaine manière, la tente depuis longtemps.

De retour à la maison, quelques jours plus tard, sans qu'aucune analyse ne révèle quoi que ce soit, excepté peut-être l'hypothèse d'un accident hypoglycémique, Milie reprend le fil de sa vie familiale. Ses parents se sentent un peu plus angoissés parce qu'ils n'ont eu aucune explication, un peu plus seuls parce qu'ils ne se sont sentis ni soutenus, ni entendus. Ils vont, à partir de maintenant, s'inquiéter encore un peu plus de tout ce que Milie leur montre.

Mémoire universelle

Bien sûr que tu sais tout, et que tu as tout vu !
Traversant l'être humain depuis la nuit des temps,
Sortie du grand chaos, tu es alors venue
Rejoindre notre histoire et notre mouvement.

Tu n'avais guère plus de quelques jours de vie
Que se posaient déjà des questions étonnantes :
Il faudrait que je mange, regarde et puis sourie !
Qu'ont-ils donc inventé ? Je suis à peine vivante !

T'as longtemps hésité à partir, à rester.
Une nuit même, t'as failli faire le grand voyage
A l'envers. Allais-tu tenter de retrouver
Le rêve d'avant l'être, le bel âge d'avant l'âge ?

Mais tu es revenue, invitée par les tiens
A poursuivre la route imaginée pour toi.
Ils t'ont tant soutenue, te prenant par la main
Que tu as accepté sans trop savoir pourquoi.

Aujourd'hui te voilà parmi nous. Drôle d'enfant
Qui semble chercher en vain quelque chose d'ailleurs !
Tu t'agites, tu cries, tu te tais, tu attends
Que ce monde, peut-être, ne te fasse plus peur.

Qu'est-ce qu'elle a ?

Laissons la parole à Mme M., la maman de Milie :
- Milie criait souvent ou plutôt émettait une sorte de sifflement insupportable. Souvent, je proposais un biberon, ne sachant que faire. Elle ne buvait presque rien.

A travers l'alimentation, Milie fait " dysfonctionner " les liens. Peut-être est-ce là aussi un signe, une manifestation de ce qui l'habite au plus profond d'elle-même. N'est-ce pas un peu comme si elle disait :
- Je mange ? Je ne mange pas ? Je continue ? Je m'arrête ?

Nous savons bien que, pour un bébé, se remplir, se vider, créent de nombreuses sensations.

L'acte même de manger ne risque-t-il pas de faire sortir Milie de cette sorte d'anesthésie dans laquelle elle semble tenter de se maintenir ? Peut-elle s'isoler des autres et d'elle-même au point de ne plus ressentir la faim ?

Mme M., de plus en plus perdue, réveille Milie, craignant qu'elle ne s'alimente pas suffisamment. Mais lorsque celle-ci est éveillée, elle se met à crier et personne ne parvient à la calmer. La courbe de poids se maintient dans la limite inférieure de celle des enfants de son âge.

Les cercles vicieux s'engagent, Mme M. est souvent seule avec Milie, son mari étant en formation professionnelle pendant toute la semaine. La certitude que son bébé ne va pas bien augmente.

Comme dans toutes les familles se mettant, à leur insu, à tisser des liens " dysfonctionnels ", voire parfois incohérents, la question la plus évidente concerne ce que l'enfant " aurait ", plutôt que ce qui " se passerait ".

Qu'est-ce qui se passe ?

Pour des parents, parvenir à se demander ce qui se passe pour leur enfant est d'autant plus difficile que l'enfant paraît bien "avoir " quelque chose.

En effet, Milie est née avec un petit souffle cardiaque et sa manière de " s'absenter " réveille l'angoisse de ses parents autour de ce point de fragilité marqué dans le corps.

Plus tard, entre deux et trois ans, devant son absence de langage, la question la plus préoccupante devient : " Mais qu'est-ce qu'elle a à ne pas parler ? " Elle sera suivie bientôt de la question : " Qu'est-ce qu'elle a donc à ne pas entendre ? " Là aussi, le corps offre une possibilité de réponse purement physiologique ; le médecin découvre en effet des tympans abîmés par des otites séreuses. Ceci va nécessiter la pose de diabolos.

Les spécialistes, les uns après les autres, vont s'occuper des morceaux du corps de Milie.

Le temps passe... Une petite sœur est née qui a maintenant plus d'un an, la comparaison inévitable leur fait mieux percevoir les difficultés de Milie. M. et Mme M. insistent auprès de leur médecin... Quelque chose se passe.

Il a fallu attendre trois ans et demi pour que ces parents soient entendus " autrement ".

Entendre la famille " autrement ".

M. et Mme M. déménagent pour venir vivre dans notre ville et choisissent alors d'habiter un appartement juste en face du Centre psychothérapique... Ils vont en quelque sorte, nous rappeler qu'aucun enfant ne peut être pensé sans ses parents et que nous avons à prendre en compte leur présence et leur proximité.

Ceci allait infléchir de manière très particulière le cours de l'histoire...

Après plusieurs rencontres, Mme le Dr C., pédopsychiatre et médecin-chef du service, confirme le diagnostic d'autisme. Notre première interrogation porte sur la nécessité de prononcer ce mot-là qui, il y a quinze ans, portait en soi encore plus clairement qu'aujourd'hui, sa propre condamnation.

Notre choix fut de parler de "troubles graves de la personnalité" et de faire des propositions de soins.

Mme le Dr C. propose une "observation" dans un des groupes de soins du Centre psychothérapique. Nous reparlerons plus loin des caractéristiques de ce lieu, ainsi que des raisons de son choix. Nous demandons, en outre, à M. et Mme M. de venir nous rencontrer une fois par mois. Ils adhèrent très vite à cette proposition, nous manifestant l'isolement et l'incompréhension dans lesquels ils se sont sentis jusque-là.

Pendant les premiers mois de l'hospitalisation de jour, Mme M. passe environ une demi-heure chaque matin auprès de notre hôtesse d'accueil. Elle vient confier Milie pour la journée à l'équipe thérapeutique, mais elle vient surtout parler d'elle, de son angoisse, de tout et de rien, à celle qui, là pour l'accueil, écoute et réconforte. Le soir, le même rite se met à nouveau en place. Souvent le temps d'échange est plus court. Sa petite sœur est là, il faut rentrer.

Accueillir...

Les parents, comme les enfants savent ce dont ils ont besoin. La rencontre que nous avons prévue, une fois par mois, n'a rien à voir avec la solitude et l'inquiétude des parents de Milie. Notre hôtesse d'accueil ne saura jamais à quel point elle a servi de "contenant" à cette maman qui ne comprenait pas ce qui lui arrivait. Amener chaque jour sa petite fille dans un service de psychiatrie alors que toutes les autres mères "papotent" à la grille de l'école, c'est chaque jour ressentir un peu plus durement sa propre marginalité.

En étant là simplement pour l'entendre, Colette, car c'est par son prénom que notre hôtesse est nommée, permet la mise en place d'un maillon, d'un pivot qui va se révéler indispensable à la trame du tissu thérapeutique. Lorsque j'écris " être là simplement ", je sais aussi que dans une institution, rien n'est simple et que Colette a eu beaucoup à faire avec les rivalités dites et non dites. C'est ainsi qu'on entend dans les couloirs :

- Ah, si l'on devait passer autant de temps avec tous les parents ! Mais qu'est-ce qu'elles ont à se raconter ? Il faudrait savoir qui est soignant ici !

Ces paroles ressemblent à de brusques coups de vent, impossibles à anticiper, qui peuvent entraîner avec eux une destruction des projets thérapeutiques. Même s'il est clair que chaque parent ne demande pas la même chose, que le protocole de soin est toujours " à la carte ", l'originalité de cette mise en place vient bousculer chacun dans l'institution. Ceci est d'autant plus repérable qu'il s'agit " d'inventer ", à propos d'un enfant dont les perturbations sont d'ordre autistique.

Ce que Mme M. raconte à Colette, nous pouvons imaginer que cela ressemble peut-être au " papotage " des autres mamans à la grille de l'école !

Et puis le contenu de ce qui s'échange est-il si important ? L'essentiel n'est-il pas que Mme M. parvienne à se sentir soutenue et vivante ? Avons-nous à oublier que son enfant, aînée par surcroît, lui renvoie, à chaque minute une mort relationnelle et donc un douloureux questionnement sur sa place de mère ?

Quant à savoir qui est soignant, comme le " claironnent " parfois les bruits de couloir, cela est bien souvent débattu tout au long de ces grandes rencontres institutionnelles (nous sommes maintenant une cinquantaine dans cette équipe qui prend de l'ampleur).

Nous ne sommes pas soignants une fois pour toutes, nous le devenons ou cessons de l'être selon les moments de notre vie, les interrogations que nous acceptons de traverser, le travail personnel que nous menons. Enfin, nos capacités de soignant ne sont pas les mêmes selon les difficultés des enfants et des familles qui viennent, bien sûr, révéler les nôtres.

Tout cela, Colette, notre hôtesse le pressent et nous interpelle, gênée parfois par les regards portés par certains sur ce qu'elle fait. Quelques années plus tard, elle commencera, sur son temps personnel, une formation à l'accompagnement du mourant...

L'hôtesse d'accueil, au Centre psychothérapique, occupe un des endroits " clef " de l'institution. Chacun y passe pour entrer, pour sortir et pour " bavarder ". Elle est, en quelque sorte, la gardienne de la maison. Elle voit et entend beaucoup de choses. Elle est aussi gardienne des petits secrets, ceux des enfants, ceux des parents, parfois aussi, ceux des soignants. Dans la trame du tissu, elle occupe, je crois, une position centrale. Elle voit s'initier des liens entre les adultes, ceux du " dedans " et ceux du " dehors ". Le plus souvent, on ne s'aperçoit pas qu'elle voit. Pourtant elle n'a pas besoin d'une attention longtemps soutenue pour repérer le sourire d'une maman qui ouvre sa main pour permettre à son enfant de mettre la sienne dans celle du soignant.

Elle est là aussi, quand la peur envahit le parent, puis l'enfant ; elle propose une chaise, prend le temps d'écouter, de parler, seulement parfois du temps qu'il fait. Elle n'est pas dupe, mais laisse l'autre tisser à sa manière le bout de laine qu'il peut, à ce moment-là de sa vie, laisser filer...

Il y aurait tant à dire de sa présence discrète et fidèle. Lorsque exceptionnellement, elle n'est pas là, on a l'impression que tout tourne à l'envers.

Elle est juste dans le passage, face à la porte d'entrée, en plein courant d'air. Elle participe au tissage que met en place le parent avec l'institution, elle est peut-être le chas de l'aiguille.

Sa place est essentielle, et les parents de Milie l'ont compris. Colette est mère, elle aussi, d'une petite fille de trois ans. Ainsi dans la réalité de leur vie, des ponts sont là, possibles à emprunter.

Je n'ai jamais vraiment eu connaissance de la nature des échanges entre notre hôtesse et la maman de Milie et je crois que c'est bien ainsi. La force des tissus a aussi ses secrets.

Pourquoi tant d'attention à la famille ? Je dégagerai trois raisons essentielles à cela :

Après avoir beaucoup pratiqué le travail en périnatalité, dont le soin à l'enfant autiste fait d'une certaine manière partie, il m'apparaît tout à fait clair que l'on ne peut aider un enfant sans être relié de manière ajustée et cohérente avec chacun de ses parents. Ceci est évident lorsqu'il s'agit d'un nouveau-né. Ceci l'est tout autant lorsqu'il est question d'un enfant dont la pathologie est telle que son sentiment d'exister se confond avec l'existence même des autres. Rappelons qu'il n'a pas non plus la perception d'un corps propre, limité et qui lui appartienne.

La seconde raison est la suivante : si les professionnels parviennent à créer des liens avec l'enfant alors même que les parents restent dans des fils tordus, voire rompus, le risque devient immense de raviver en eux un sentiment d'impuissance. Ainsi nous participerions à la fragilisation du laborieux tissage.

La troisième raison est qu'un enfant ne peut s'autoriser à exister au milieu de ses thérapeutes que si ceux-ci ont un regard très respectueux sur ce que sont et font ses parents. En effet si cela n'était pas, nous gênerions considérablement la mise en place de l'identification nécessaire à tout petit être pour devenir l'homme ou la femme " comme " ou " pas comme " maman et papa.

Accueillir avec " soin " M. ou plus souvent Mme M. tous les matins, c'est déjà entrer dans un processus thérapeutique concernant leur petite fille.

Je suis, quant à moi, souvent surprise de voir Milie nous laisser si facilement sa maman. Bien sûr, Milie paraît indifférente aux choses et aux êtres, mais ne peut-on pas imaginer que quelque part en " elle ", dans cet " intérieur " disloqué, elle sent ou elle sait que sa maman, là, est entendue ?

Faut-il rappeler enfin que le travail thérapeutique fonctionne en écho d'une hôtesse d'accueil à un parent, d'un parent à un enfant, du membre d'une famille à un autre, d'une génération à une autre ? Faut-il rappeler que l'écho existe aussi dans une institution, du hall d'accueil au groupe de vie, du grand couloir à l'aire de jeux, d'un intervenant à un autre ?

Milie " entre " au Centre psychothérapique au moment où le tissage de tous ces liens revêt un caractère particulièrement respectueux. Ceci est en grande partie, lié à la personnalité du médecin-chef de service. Mais nous savons aussi que ce tissu est extrêmement sensible et que comme dans une famille, des bouleversements d'apparence mineure peuvent entraîner une fragilisation des fils de la toile institutionnelle. Le contexte dans lequel l'enfant est reçu deviendra alors moins apte à pratiquer des soins de qualité.

Comme je le disais plus haut, Milie arrive dans une période faste, dans un moment où l'équipe soignante est en appétit d'apprendre, en recherche, en état de créativité à l'égard des enfants qui lui sont confiés. Cette équipe a globalement dix ans de vie commune, et se situe dans sa période de latence avant les grands bouleversements de l'adolescence !

Confier Milie à des " soignants ".

La question du lieu et des personnes à qui elle allait être confiée fut longuement travaillée. Ce sont habituellement les premiers consultants ayant rencontré l'enfant qui imaginent quelles seraient pour lui, les personnes et les lieux les plus indiqués, ceci en fonction de sa pathologie, de son âge et bien sûr de la demande de ses parents.

En l'occurrence, c'est Mme C., médecin-chef et moi-même qui assurons la place de référents du projet de Milie. Plusieurs groupes nous paraissaient susceptibles de pouvoir l'accueillir. Il faut rappeler que les groupes thérapeutiques n'accueillent l'enfant qu'à la journée ou à la demi-journée. Chaque groupe réunit trois à sept enfants sous la responsabilité de deux, voire trois infirmiers spécialisés en psychiatrie. Le nombre de soignants par groupe d'enfants peut paraître important, mais il faut rappeler que tous les enfants admis en pédopsychiatrie ont des pathologies particulièrement lourdes.

Un autre élément doit être pris en compte dans le choix du lieu d'hospitalisation : M. et Mme M. ont choisi d'habiter face au Centre et leur vue du troisième étage plonge dans la cour de jeux des enfants...

Bien sûr, il est important de rester très proche des parents de Milie, mais il est tout à fait aussi important de lui permettre d'exister hors de la vue de ses parents, pendant le temps où elle nous est confiée. En outre, comment des soignants vont-ils s'accorder la liberté de travailler avec Milie s'ils ressentent ou imaginent la présence ou le regard inquiet de sa famille ?

Pour ces raisons-là et pour d'autres explicitées plus loin, nous proposons d'accueillir Milie dans le lieu thérapeutique de la petite " ferme du Pin ". Celle-ci a été créée, un an auparavant, dans le projet d'y recevoir des enfants d'âges divers et de pathologie psychotique. Milie partira du Centre tous les matins à neuf heures et y reviendra le soir à seize heures trente. Ce sont ses parents qui l'y amèneront et qui viendront la chercher. Il faut rappeler qu'ils ont juste à traverser la rue.

M. et Mme M. savent qu'ils pourront à ces deux moments-là de la journée, échanger les informations qui leur paraissent importantes, et que des rencontres auront lieu régulièrement avec le médecin-chef et moi-même.

M. et Mme M. semblent confiants. Ils font connaissance avec les trois soignants (un homme et deux femmes) qui accueillent leur petite fille. Ils diront plus tard quelle sécurité leur apporte l'ensemble des liens qu'ils créent avec eux.

Souvent nous les entendrons dire :

- Nous avons de la chance d'être venus vous voir tôt, Milie n'a que trois ans, nous savons qu'elle est bien avec vous... Ici nous pouvons parler.

Pour plusieurs d'entre nous, cette confiance dite très ouvertement est parfois pesante. Trop attendre de nous, nous place dans une toute puissance que nous n'avons pas et nous fait craindre l'échec.

Aussi, les soignants de la " ferme thérapeutique " évoqueront régulièrement, en même temps que les manifestations de vie de Milie, tout ce qui reste aussi extrêmement difficile pour eux.

CHAPITRE 2

La ferme thérapeutique du Pin.

Nous ne pouvons changer l'autre. Nous ne pouvons que nous changer nous-mêmes. Tout psychothérapeute le sait, puisque l'essentiel de son travail est de permettre à l'autre d'entrevoir ses proches chaînes de construction et d'éventuellement désirer et tenter de les modifier.

Qu'est-ce alors qu'être thérapeute d'un enfant autiste qui paraît ne pas repérer qu'il existe, qu'il communique, et dont le fonctionnement inconscient semble passer sans barrage dans l'agir ?

Il reste à ses psychothérapeutes à s'interroger eux-mêmes sur leur manière d'être, sur leur existence propre et à prendre le temps de s'interroger sur le " choix " de l'autiste. C'est le projet de la " ferme du Pin " où se trouve Milie. Il s'agit d'abord de tenter de vivre avec les enfants, sans projet de " leur demander de changer ", ce qui peut paraître tout à fait paradoxal lorsqu'on sait que cette ferme fait partie de l'Unité pédopsychiatrique dite aussi psychothérapique.

Les soignants prennent le temps d'écrire leur projet. Ils en feront plus tard un beau livre d'images. Ils sauront aussi s'interroger à propos de leur désir de guérir, de leur acceptation de la maladie, de leurs capacités de vivre avec la folie des autres et de se questionner aussi parfois sur la leur.
Ces interrogations-là, pour chacun, ont aussi sens pour l'équipe entière et provoquent des rebondissements, des heurts et des ajustements. Milie va fréquenter la " ferme du Pin " pendant plusieurs années, en alternance avec d'autres propositions de soins ou de socialisation : école maternelle, classe thérapeutique, psychothérapie individuelle, séjours de rupture...

Elle y passera chaque journée au milieu de ce mouvement continu dans cette histoire qui commence.

Présentation de la ferme du " Pin " par les soignants :
(Extrait du livre des soignants.)

" Dans le courant de l'année 1978, se manifeste dans le service de pédopsychiatrie, une très grande difficulté à prendre en charge trois enfants psychotiques entrant dans la pré-adolescence.

Les différents outils de travail mis en place par les soignants depuis la création de l'intersecteur (1973) ne répondent plus aux besoins de ces trois enfants... "On ne sait plus que faire... Ils n'ont plus leur place dans l'institution..."

Un médecin, une surveillante, deux infirmiers spécialisés se penchent plus particulièrement sur ce problème. Ils se tournent vers les départements voisins, circulent, échangent et formulent le projet de louer, à proximité du service de pédopsychiatrie, une petite ferme. Elle constituera un lieu original, nouvel outil de travail en alternative au soin de ces trois pré-adolescents.

L'équipe de la ferme du Pin était née. Elle allait énoncer, affiner, vivre et porter le projet du Pin dont l'idée de base n'était encore qu'inventer un ailleurs pour ces enfants à qui "l'institution" semblait n'avoir plus rien à apporter.
Il était donc admis qu'il fallait "sortir"...

L'idée de trouver une ferme à louer et d'y soigner des enfants, présentée en Commission Médicale Consultative puis en Conseil d'Administration, fut accueillie favorablement.
L'hôpital était prêt à louer un tel immeuble. A charge pour "l'équipe" de prospecter et de trouver le lieu compatible avec la mise en place du projet.
Les grandes idées surgissent bien souvent dans l'enthousiasme, leur concrétisation se heurte à la dure réalité : obstacles matériels, divergences dans "l'équipe", réactions dans l'institution.

Commence une longue prospection à travers communes et villages. Les trois enfants suivent leurs soignants dans leur recherche. Les mairies sont interpellées... On trouve, on rêve, "ça ne marche pas" et puis la ferme du Pin est retenue.

La ferme et son environnement :
La ferme est située au cœur d'un village de 462 habitants qui peu à peu, s'est transformé en "dortoir".

Le Pin partage son église avec un village voisin, pas de clocher traditionnel mais une école, une mairie, quelques artisans, des petites fermes, une boulangerie, un café. L'école comporte une classe unique. Un instituteur dispense son enseignement à douze élèves.

Le bâtiment :
Loué en 1978, il comporte un rez-de-chaussée avec quatre pièces, un chai et un étage "grenier". Seul, le rez-de-chaussée est restauré et investi par les soignants et les enfants.

Les lieux ont été aménagés très progressivement avec beaucoup de simplicité, peu de frais, et très sommairement, bien souvent avec des meubles de récupération.

Au rez-de-chaussée, on entre dans une cuisine rustique, lieu fonctionnel où chaque objet a son intérêt dans le quotidien :
- Une cheminée.
- Une longue table rectangulaire et deux bancs.
- Un évier, une gazinière, un réfrigérateur, des meubles de rangement (réalisés aux ateliers d'ergothérapie).

Une salle de jeux, une salle de repos, une salle polyvalente, un chai, des toilettes s'organisent autour de cette pièce centrale. La salle polyvalente et le chai servent de réserve : objets divers, matériel de bricolage, nourriture des animaux, bois, fuel, abri pour les jeunes volailles, soins des animaux blessés ou malades le cas échéant.

Des W.C. ont été installés lors de la location.

Le jardin a connu de nombreux remaniements ; il comporte actuellement une cour en voie d'aménagement (pelouse, salon de jardin), un coin "potager" et une vaste basse-cour. Les animaux sont essentiellement des volailles : poules et canards, une chèvre, des oies, un chat.

Le terrain attenant couvre environ 2 000 m².

Les soignants :

Trois infirmiers spécialisés en psychiatrie, une surveillante animent la ferme thérapeutique. Occasionnellement, un élève infirmier ou un stagiaire éducateur participe à cette animation.

Les trois soignants, à temps plein, ont à leur disposition une voiture familiale qui assure les transports entre le Centre psychothérapique et la ferme.

Les enfants :

Leurs pathologies et leurs âges sont divers. Les temps de présence sont prévus par demi-journées ou par journées entières, pendant la semaine.

Les parents:

L'équipe soignante propose une rencontre trimestrielle dans l'institution pour renvoyer aux parents ce que l'enfant vit au Pin. C'est aussi l'occasion pour le parent d'apporter ses propres réactions.

Des rencontres informelles, lors de l'accompagnement de l'enfant, le matin, ou de son départ, le soir, sont parfois très riches dans leur spontanéité.

Ces rencontres s'articulent avec le travail mené par le psychologue ou le médecin référent.

Les visites au Pin :

Elles sont parfois proposées aux parents, parfois elles sont demandées par les parents...

Pour certains enfants, l'entrée de la famille au Pin n'est souhaitée ni par les soignants, ni par l'enfant lui-même. Dans d'autres cas, les parents ne demandent rien. Tout cela se négocie, il n'y a pas de règle. "

Le quotidien au Pin.

Lorsque Milie arrive au Pin en 1980, le groupe se compose de sept enfants dont deux seulement (dont Milie) ont des troubles autistiques graves, accompagnés d'une absence de langage. Cela va lui permettre de vivre dans un bain d'interactions souvent très vivantes, de langage verbal et d'expressions émotionnelles riches.

Voilà ce qu'écrivent à ce moment là les soignants :

" La notion de quotidien, comme outil de travail, nous a été difficile à traduire par des mots. Sans doute, cette difficulté est-elle liée à l'aspect dynamique de ce quotidien qui, aujourd'hui, n'est plus celui d'hier et pas encore celui de demain.
Nous sommes bien là dans la notion du temps qui s'écoule. Il est donc nécessaire de fixer l'image pour en tracer des grandes lignes. Le temps qui s'écoule, c'est une journée, une semaine, une saison, une année : c'est aussi la vie, c'est encore la mort...

Le quotidien dans sa mouvance, le cycle des saisons, la nourriture, la vie, la mort, se sont révélés comme outils de travail. Ils seront les mots clefs de notre propos.
Enfants et soignants arrivent au Pin le matin, ouvrent portes et fenêtres. Les animaux sont là, ils habitent la ferme. Ils sont la vie qui, nuit et jour, anime la ferme. Ils sont le lien. Sans eux, il y aurait rupture. Sans nous, ils ne survivraient pas, car les premiers gestes sont des gestes de survie.

L'hiver, la maison est très froide. Nous nous activons autour de la cheminée, pour sa chaleur indispensable, mais aussi pour son charme. Les tâches se répartissent au gré de chacun : ouvrir le chai pour ramener du petit bois, des cageots, des bûches ; remplir le bidon de mazout pour alimenter les deux poêles. Pendant ce temps, certains préparent le grain pour les animaux.

Ce rituel convient aux enfants. C'est le plaisir de transvaser le grain dans un seau, de le mélanger, de le lancer dans la basse-cour. On jette aussi du pain dur dans la mare, on ramasse les oeufs dans le poulailler. En toute saison, ces gestes quotidiens sont des gestes de survie. En hiver, le froid nous active.

La cheminée, par son emplacement central, la chaleur qu'elle diffuse, la fascination de son foyer, constitue le cœur de la maison où on se réunit, se presse pour bavarder, se réchauffer, rêver. Boissons chaudes, gâteaux apaisent, réconfortent. Des enfants se blottissent contre un adulte ; d'autres, attirés par le feu s'immobilisent, s'évadent. Peu à peu, les corps bougent, se délient, puis les jouets vont s'animer. Des enfants retrouvent l'attrait du jeu, d'autres saisissent le jouet comme objet d'appartenance. Le mouvement, les déplacements, les bruits habitent la maison.

Les courses, en vue du repas amènent à penser le menu.

- Qu'est-ce que j'ai envie de manger ? Que veux-tu manger aujourd'hui ?

Arrivent les réponses :

- Ai pas envie... Aime pas... Mangerai pas... Oui... Non... Je ne veux pas !

Et puis arrivent aussi les silences...

A table, il n'y a pas de place attitrée ; des disputes naissent sur le choix de la place, de sa place.

Nous attendons l'arrivée des enfants qui ne viennent qu'à midi. Les ventres supportent plus ou moins bien. Ces enfants arrivent d'un groupe institutionnel, d'un espace psychopédagogique, de l'école...

Nous avons un bonjour furtif, le bisou chaleureux. Les couvercles se soulèvent pour savoir quel va être le repas. Un des enfants, tête haute, est fier de s'être fait attendre, un autre encore "se pose" comme si son arrivée n'en était pas une. On se presse à table ou bien on traîne un peu pour avoir telle place, pour être à côté de telle ou telle personne.

Le repas commence souvent par des échanges sur la matinée. Certains racontent, certains se taisent, d'autres montrent clairement que ce qui s'est passé dans la matinée ne nous regarde pas.

Notre attente à la question posée : "qu'as-tu fait ce matin ?" renforce l'enfant dans son secret. Mais est-ce vraiment le contenu d'une réponse, le plus important ? Poser la question se fait surtout dans le souci de garder le lien. Souvent, l'enfant se livre spontanément dans le partage total ou bien par bribes, au moment où justement nous ne nous y attendons pas. C'est la surprise.

Se nourrir, se remplir, goûter, manger à se faire vomir, grignoter, souffrir, mastiquer, recracher, refuser l'aliment s'inscrivent dans l'histoire de chacun, dans son rapport à la vie, à la mort. Nos réactions, nos interventions s'ajustent selon nos rapports respectifs à la nourriture. Parfois l'angoisse nous envahit face au dégoût et au rejet de tout, qui ressemblent tellement au refus de vivre.

Nous nous montrons, nous nous exprimons. C'est la tristesse de Milie qui "mange", les yeux remplis de larmes ; c'est le dégoût face à la petite fille qui crache ou au petit garçon qui a des haut-le-cœur, c'est la colère quand l'angoisse fait trop souffrir, c'est aussi le chagrin et le découragement… "

Un premier bilan pour Milie.

Un bilan a lieu en juillet 1981. Milie a quatre ans et demi. Elle est au Pin depuis neuf mois et lors de cette synthèse, l'équipe soignante va se montrer particulièrement désemparée. Alors même que le contexte de la ferme semble lui offrir un maximum de vie, Milie est toujours à distance des activités, qu'il s'agisse du soin aux animaux, des travaux du jardin potager ou de ce qui se passe à l'intérieur même de la maison. Elle ne " dérange " pas, mais ne se laisse pas " déranger ".

A partir des éléments donnés au cours de cette rencontre et des observations faites auparavant, nous pouvons repérer un certain nombre de points.

Il semble important pour Milie de ne pas créer de liens, de n'accepter ni chaleur, ni tendresse, de n'émettre aucun son qui puisse évoquer une quelconque communication, peut-être même une quelconque présence à elle-même : parler, n'est-ce pas aussi oser sentir, dans sa bouche, sa langue se mouvoir et exister ?

A regarder Milie manger du bout des lèvres, on peut imaginer qu'elle a trouvé là, le moyen de ne pas prendre en elle ce qui vient du dehors et de ne pas non plus se laisser sentir ce qui fait contact : s'anesthésier...

Milie a réussi le tour de force d'inscrire la rigidité et le froid dans ce qu'elle offre au regard des autres. Ainsi, la partie de son visage couvrant le haut de ses pommettes jusqu'à sa lèvre supérieure demeure toujours immobile.

Ce n'est pas la nourriture que Milie aime porter à sa bouche, ni son pouce, ni un jouet personnalisé ; ce n'est rien de cela. Savez-vous ce qu'elle a trouvé à se mettre sous la dent ? Ce sont les rebords froids des éviers, des lavabos ou des tables. Ils sont à sa hauteur.

Alors, elle avance sa mâchoire supérieure juste au-dessus du bord de l'objet, et se laisse sentir, là, bouche ouverte, cette matière inerte qui ne la menace d'aucun lien. Debout, collée à l'objet, elle semble tenter de l'incorporer ou de le prolonger.

Dans cet espace immobilisé, la raideur du corps de Milie semble venir participer entièrement à la raideur minérale de l'environnement.

Impassible, elle s'absente de l'humain.

C'est l'hiver au Pin, c'est l'hiver aussi pour Milie depuis longtemps. Les mois passent et elle continue à explorer le monde avec les dents, les dents plus que la bouche tellement ce contact paraît toujours dur. Les bords de table sont marqués de son passage, les rebords des fauteuils aussi. Milie s'abstient quand la matière devient plus molle ou plus vivante.

Chaque adulte est là, à réagir, à laisser être ou à tenter de lui dire ce qu'il en comprend. Certains repèrent que son faciès se modifie. Sa mâchoire supérieure avec laquelle elle semble appréhender le monde et plus particulièrement certains objets, a pris de l'importance. Pourrait-il y avoir un rapport de cause à effet ? Objectivement cette déformation la rend moins jolie. En outre elle grandit peu et se voûte.

Pas là

" J'ai rien à faire là ", dit l'enfant autiste.
Il a dit cela, d'un air un peu triste,
Il parle sans cesse, en ne disant rien.
Il se lève, s'assied, rebrousse chemin
Et me laisse pantois, l'désir à la main.
Mais que fais-tu là ? Puisqu'enfin tu y'es !
Et qu'un jour pourtant, t'as choisi de naître !
Moi j'sais plus qui j'suis, si tu n'peux pas "être".
Je n'te demande pas de me ressembler,
Enfin pas beaucoup, pas trop, juste assez,
Pour pouvoir de temps en temps nous relier.

Comment l'atteindre ?

Comment lui signifier que, malgré toutes les réticences qu'elle montre à vivre pleinement, elle a, d'une certaine manière, un jour, accepté de venir au monde, et que sa présence au milieu de nous nécessite un brin d'humanité ? Comment lui dire qu'en se défendant de tisser des liens avec nous, c'est elle aussi qu'elle détruit ?

Comment lui dire enfin qu'elle vivra mieux en vivant un peu plus intensément ? Je suis, moi-même, bien peu sûre de savoir la convaincre et cela pour plusieurs raisons dont j'expliciterai certaines dans le chapitre concernant la psychothérapie individuelle.

Des questions d'ordre éthique m'envahissent.

Contrairement à beaucoup d'autres enfants autistes, Milie donne peu de signes manifestes d'angoisse. Elle semble avoir réussi son " anesthésie ", sorte de compromis entre vivre et mourir. Elle se maintient en vie, mais la souffrance semble plus évidente pour ses proches que pour elle-même.

Alors faut-il être soignant à tout prix lorsqu'il n'y a pas de signe de souffrance ? Connaissons-nous le risque que nous pouvons faire prendre à Milie, en tentant de la " forcer ", en tentant de lui donner à voir un peu plus d'existence ?

Mais M. et Mme M., ses parents, sont dans un dialogue ininterrompu avec nous. Ils font le choix de demander à leur petite fille de s'ouvrir au monde. Ils disent ne pas repérer non plus, de signes de grande souffrance, mais rapportent aussi son peu d'envie de vivre.

Ils nous racontent à quel point tous les actes quotidiens exigeant sa participation, sont pénibles : Milie n'accepte pas d'être touchée. Ainsi, la toilette, l'habillage, l'alimentation, la propreté, tout pose problème ou bien s'inscrit dans de telles répétitions que M. et Mme M. nous avouent leur épuisement.

Les soignants s'interrogent alors, de nouveau, sur le sens de leur travail. J'ai quant à moi, la certitude que Milie se prive d'abord d'une partie de son intelligence. En ne prenant rien ou si peu dans le monde, Milie n'apprend pas grand-chose. Utilisant à minima ses capacités intellectuelles, elle les développe peu et court le risque d'évoluer vers une organisation psychologique très déficitaire. Les enfants autistes n'étaient-ils pas, il y a une trentaine d'années, pris pour de grands arriérés mentaux ?

A regarder son corps se tordre en grandissant si peu, il me vient l'idée qu'elle emploie toute son énergie à faire en sorte que personne n'ait envie de s'approcher d'elle et ne la menace de lui donner la tendresse dont elle a si peur.

Milie peu à peu, devient moins jolie. Ne tente-t-elle pas ainsi de creuser le large fossé qui lui est nécessaire pour maintenir la distance entre elle et l'autre ?

Les riches seigneurs du Moyen-âge avaient trouvé cela avant elle, murailles et fossés les protégeant de leurs agresseurs. Et bien sûr, les ponts-levis ne s'abaissent que de l'intérieur. Ainsi Milie ne met en place ce passage que lorsqu'elle-même le décide. Et elle le fait rarement, semblant ressentir l'environnement humain essentiellement comme un agresseur potentiel.

Murs

Vous ne voyez donc rien ! Je vais m'évanouir...
Car je suis là sans protection. Je crains le pire.

N'approchez pas ou faites-le très prudemment,
Pour tenter de survivre, je passe tout mon temps
A creuser des fossés, construire des forteresses,
Me coller aux objets jusqu'à ce qu'ils me blessent,
Et enfin ressentir ce corps qui n'est pas moi,
Qui me quitte, puis m'enferme et encore se déploie,
M'arrachant à ma peau dans un déchirement
Où je me perds. Alors, je ne sais plus vraiment
Si ceci est à moi, à l'autre ou à personne.
Tout s'agite, se trouble, tremble, hurle et se cogne.
Tout craque, se dilue. Et pour me protéger,
Je dresse de nouveaux murs m'évitant d'exploser.

Ne venez pas briser l'énorme carapace
Qui a laissé en moi plus de murs que d'espace.
Cette froide raideur devient mon seul salut.
N'avancez pas, surtout n'avancez plus.

Et parce qu'on n'enlève pas les épines aux roses,
Sous peine de les voir se réduire en choses,
Respectez ma froideur, mon allure de passante,
Vous le savez, sous mes défenses, je suis vivante.

Milie se recroqueville...

Ce dos qui se voûte entraîne des inquiétudes sur la nécessité prochaine d'un corset ou d'une rééducation, actuellement inimaginable. Ainsi Milie se recroqueville sur elle-même, accompagnant physiquement son isolement psychologique. De la base de son crâne jusqu'à son coccyx, sa colonne vertébrale semble suivre fidèlement une partie de la circonférence de cette bulle transparente dans laquelle elle s'enferme.

Nous savons que Milie s'organise en se privant de quelque chose d'essentiel, quelque chose qui pourrait être le vivant et le mouvant du monde. Et à se priver des choses, à ne pas les laisser pénétrer en elle, Milie prend le risque de ne plus s'alimenter et de s'appauvrir.

Milie ne va pas à la rencontre de ce qui la ferait bouger. Cela paraît pour le moment un trop grand risque à courir. Au lieu de laisser venir l'autre, l'étranger, l'inconnu, elle se retourne vers elle-même tentant peut-être de se ressentir entière, intègre, non menacée. N'est-ce pas, là, une étape respectable ?

Comment, en effet, pouvons-nous créer un lien avec l'autre si nous n'avons pas déjà, en nous, ce que Bernard THIS appelle le sentiment de notre " sécurité de base " ?

Comment pourrions-nous nous mettre à tisser sans avoir la sécurité d'une réserve de fil ? Ce sentiment que le bébé parvient à se construire grâce à la contenance de l'adulte, Milie, comme d'autres enfants autistes, semble n'avoir pas su le mettre en place pour elle-même, malgré l'étayage fidèle qu'elle a reçu de ses parents.

Telle un petit château branlant, bien peu ancré dans le monde, Milie nous donne pendant des années, l'impression de n'avoir pas su trouver cette sécurité de base.

Demanderait-on à un bébé qui ne soutient pas son propre poids sur ses jambes de marcher vers ses proches ?

Les exigences que nous avons parfois à l'égard de Milie nous paraissent un peu de cette nature.

D'une certaine manière, Milie ne tient pas sur ses jambes. Elle n'est pas plantée, pas enracinée en elle-même, telle une petite pousse qu'un souffle de vent peut déplacer.

C'est aussi une enfant portant le paradoxe jusqu'au fond d'elle-même puisque contrairement à la fragilité qu'elle affiche, elle peut exercer une pression psychologique telle que personne ne la conduira là où elle ne veut pas aller. Cette alliance de légèreté et d'entêtement accentue sa bizarrerie et décontenance tout interlocuteur potentiel.

Elle existe et ne bouge pas. Elle accepte mais ne fait pas. Elle paraît se laisser guider mais ne va que là où elle veut.

Nous renvoyant ainsi à nos propres incohérences existentielles, Milie crée en nous angoisse ou colère, et jamais ne nous laisse au repos. Son indifférence même fait provocation.

Le chemin de ronde

Du profond de la nuit tu es venue, Milie,
Enfant qui n'a pas pu choisir de n'être pas,
Pas plus que d'accepter d'être dans ce monde-là.
Tu avances, te retiens, vivant de compromis.

Même si tu te détournes des choses de ce monde,
Evitant ou lâchant ce que nous retenons,
Même si tu es absente à notre dimension,
Quelque chose en toi veille sur ton chemin de ronde.

L'étranger à venir ne percutera pas
Tes remparts, tes murailles, ta lente construction,
Car plutôt que d'ouvrir et de jeter des ponts,
Tu tourneras la clef et tu t'enfermeras.

Quel long chemin patient nous faut-il emprunter,
Pour ne pas t'effrayer et enfin s'approcher
Du trésor enfoui et trop bien protégé !

Les séjours de rupture:
Un autre fil dans le tissage.

Dans cette période-là, le besoin des soignants de proposer à Milie quelque chose d'autre devient impérieux. Grâce à l'aide apportée par l'assistante sociale du service, avec la participation des parents qui cherchent une impulsion nouvelle, la famille T. domiciliée dans l'Aveyron propose de l'accueillir pour des séjours de rupture.

La famille T. reçoit depuis plusieurs années des enfants en grandes difficultés mentales et coordonne son travail avec les parents et les institutions où sont soignés ces enfants. M. T. est psychiatre de formation. Il s'est donné avec sa femme quelques années pour créer ce lieu d'accueil. Il dit avoir le projet plus tard, peut-être, de reprendre son travail de consultations et de thérapies de manière plus classique.

Ainsi l'accueil dans leur campagne aveyronnaise d'enfants en difficultés constitue un moment particulier de leur cycle de vie.

M. et Mme T. ont tous les deux un contact chaleureux. Ils élèvent leurs deux filles et expriment clairement que depuis le début de leur projet, qui a tout juste quatre ans, ils demandent aux enfants qu'ils reçoivent de se plier à un minimum d'exigences de la vie familiale, ainsi qu'aux loisirs prévus. Ils nous parlent entre autres choses des plaisirs de la neige...

Nous avons alors quelques difficultés à imaginer comment Milie pourrait " entrer ", même pour deux ou trois semaines, dans cette forme de vie-là. Mais nous savons aussi que M. et Mme T. ont accueilli d'autres enfants autistes et qu'ils ont cette capacité particulière et bien trop rare de savoir regarder ce qui fonctionne plutôt que ce qui ne fonctionne pas.

Et puis les parents de Milie sont décidés. Milie est devenue le centre de leurs préoccupations et elle a maintenant une petite sœur de quatre ans qui ne fait vraiment pas beaucoup de bruit...

Les soignants disent, eux aussi, leur besoin de se ressourcer pour continuer avec elle un chemin moins balisé par l'épuisement. C'est ce que nous nommons " soigner son outil de travail ". Nous ne donnons plus rien quand notre énergie est épuisée ; il est alors important de penser à se " ré alimenter ".

Après de longues négociations entre la famille qui allait recevoir Milie, ses parents, et l'équipe soignante, les séjours sont prévus. Ils seront au nombre de cinq en deux ans et dureront chacun trois semaines.

Un protocole particulier est mis en place.
- Mme le Docteur C. et moi-même, qui rencontrons régulièrement les parents de Milie depuis le début de son hospitalisation, prévoyons trois entretiens, comme ponctuation de ce séjour qui reste encore pour tous, une grande aventure.
- Un soignant de la ferme thérapeutique téléphonera à M. ou Mme T. une fois par semaine. Les parents seront informés de ce qui se passe par le soignant ou en téléphonant eux-mêmes, une fois aussi par semaine, dans le lieu de vie.
- Les trajets, aller et retour, seront assurés par l'équipe soignante ou par les parents.
Le cadre de ces séjours de rupture est alors proposé avec comme souci essentiel, de permettre à Milie d'aller chercher du " vivant ", " des ressources " là où, dans ce moment précis de son histoire, d'autres peuvent de nouveau lui en offrir.

La chaleureuse maison de pierre, plantée dans cette campagne sauvage et froide de l'Aveyron, semble déjà une invitation à se sentir exister...
Pendant deux années, ces séjours viendront ponctuer la vie de Milie. L'équipe soignante de la ferme trouve alors une autre respiration.
Les parents de Milie découvrent une autre manière de vivre lorsque celle-ci n'est pas là. Très inquiets au moment de la première séparation de trois semaines, ils accepteront les autres

d'autant plus facilement qu'à son retour, Milie leur apparaît toujours différente...

Mais qui a changé ? M. et Mme M. répètent souvent qu'ils ne sont plus seuls, que le regard qui est porté sur Milie modifie le leur...

Parfois, c'est à notre tour de découvrir Milie sous un jour nouveau, parce que quelqu'un d'autre vient en parler " autrement ". Alors, qui change ?

Derrière la toile grise... Regarder autrement.

Au fil du temps, des ruptures et des retours, M. et Mme M. repèrent à la maison des comportements nouveaux. Milie commence à exprimer des émotions ; ils ont vu perler une larme au coin de son oeil gauche. A échanger régulièrement avec M. et Mme M., nous ressentons que l'indifférence affichée par Milie depuis toujours, a plus souvent allure de tristesse.

La transparence initiale se modifierait-elle un peu ? La teinte grise de Milie pourrait-elle alors n'être qu'une couleur de fond laissant deviner une autre peinture ?

Nos rencontres avec M. et Mme M. sont des moments charnières primordiaux, permettant aux uns et aux autres de repartir un peu autrement. Parfois c'est la famille qui, désespérée, semble respirer un peu mieux à nous entendre. A d'autres moments, c'est à notre tour de nous sentir ressourcés.

Quoi qu'il en soit, ces échanges provoquent des mouvements intérieurs chez les adultes qui se mettent, souvent à leur insu, à poursuivre le tissage d'une autre manière.

Chapitre 3

L'accompagnement psychothérapique.

La psychothérapie individuelle fait habituellement partie du protocole de soins proposé à un enfant hospitalisé en pédopsychiatrie.

C'est le plus souvent un des psychothérapeutes de l'institution qui l'assure, ceci en fonction de sa formation personnelle et du sens que va prendre ce nouveau type de soins dans le " tissage " global. Ma place de premier consultant et de référent du projet thérapeutique m'avait déjà introduite auprès de Milie dans une histoire particulière.

Ma démarche personnelle m'avait conduite, après plusieurs années de travail psychanalytique, à m'intéresser aux thérapies émotionnelles où le corps est d'abord pris en compte, dans ce qu'il manifeste.

Cette enfant sans langage, n'exprimant aucune émotion, cette enfant intouchable, semblait assez naturellement venir à ma " rencontre ". Elle était comme déposée à la croisée de plusieurs chemins, dont l'un était le mien.

Pendant plusieurs mois, à raison de deux séances de trente-cinq minutes par semaine, je fais connaissance avec Milie. Elle accepte de me suivre, sa main froide dans la mienne, jusqu'à la salle de thérapie. Pendant des mois, elle va répéter le même scénario : elle laisse glisser son index droit le long du mur jusqu'à s'arrêter brusquement, sans pourtant qu'aucun élément extérieur ne se soit interposé. Alors, elle s'installe à terre et, les jambes repliées sous elle, se balance... Puis, les yeux tournés vers le ciel, elle laisse sortir du fond de sa gorge son " Be'dâa... Be'dâa... ", bras tendus, explorant l'espace comme un nouveau-né qui cherche en vain à retrouver la paroi utérine.

Et je suis là, moi, à tenter de la ressentir dans ce qu'elle a de tellement petit, peut-être pour parvenir à ne plus être envahie par ce qu'elle est de malade.

Mais de quoi me parle-t-elle ? J'ai pendant de longues semaines, peut-être beaucoup plus, le sentiment qu'elle ne connaît de moi que mon avant bras droit qu'elle secoue où tire lorsqu'elle en a besoin, le plus souvent pour que je lui ouvre la porte, à la fin de la séance. Ainsi, un des premiers signes qu'elle m'adresse semble exprimer la nécessité d'éviter la rencontre et de ne pas entrer dans un projet qui la concerne. Milie ne dit-elle pas, à sa manière, que ma présence à ses côtés dans cette petite salle, deux fois par semaine, constitue, pour elle, une réelle menace ?

Le jeu de cartes

Un jour, du bout des doigts, tu m'as montré tes cartes,
Mon jeu était tout autre, je n'ai rien reconnu.
Tu m'as tourné le dos, il fallait que tu partes,
Les parties impossibles valent mieux d'être tues...

Mais à mieux regarder tes cartes étalées,
L'étrange me devint un peu plus familier,
Comme si j'avais eu, en des temps reculés,
Ton précieux jeu en main, maintenant oublié.

J'ai vidé mes tiroirs, de la cave au grenier,
Secoué la poussière, fouillé dans les papiers,
Les cahiers, les albums, et comme un pèlerin,
Etape par étape, j'ai refait le chemin.

Avançant pas à pas, je les ai retrouvées,
Les cartes du temps passé, laissées, abandonnées,
Certaines bien lisibles, d'autres presque effacées.
Avec soin, j'ai refait le précieux paquet,

Rêvant de la rencontre des histoires recouvrées,
Des atouts et des as, des dames et des valets,
De tous ceux reconnus, enfin à confronter.

J'ai su bien vite, hélas, à juste m'approcher,
Que nous ne pourrions pas jouer cartes sur table.
Les règles de ton jeu étaient insaisissables...

Première partie

Histoires de naissance

Je pense n'avoir jamais formulé à Milie mon désir qu'elle existe, se relie, pense et parle, mais tout ceci est bien présent en moi, tellement lié à mon choix professionnel, tellement lié, comme pour chacun d'entre nous, à ma constitution personnelle... Alors Milie, saisissant tout cela, me fait signe qu'elle doit partir.

Les séances se déroulent toujours pendant le temps prévu qui est de trente-cinq minutes. Il en est ainsi dans un rite garantissant répétition et stabilité, ingrédients indispensables au travail psychique qui, peut-être, s'installe.

Au fil du temps, ce qui s'impose à moi, c'est l'image d'une enfant " bulle ", encore que Milie me semble bien d'avant l'enfance. Elle n'est pas un " infans " au sens étymologique de celui qui ne parle pas. Elle est de bien avant le langage, de bien avant la communication intentionnelle, de bien avant la rencontre. Elle est une enfant à naître, une enfant qui ne peut même pas appeler à l'aide, par crainte d'être plus agressée que secourue par celui qui approcherait. Son repli sur elle, ses mouvements de bras délimitant un espace rond, m'évoquent de plus en plus clairement la recherche d'un contenant perdu.

Milie a quatre ans et ne sait pas être au monde comme un bébé de quelques jours sait le faire.

L'autisme, au regard de la périnatalité.

Lorsque le nourrisson ressent un manque, il va mobiliser toute son énergie pour ne pas perdre son identité : il se tord, se raidit, tente de mettre le poing dans sa bouche, se propulse jusqu'à toucher le bord du lit avec sa tête. Il va enfin, le plus souvent, parvenir à s'apaiser et à s'endormir. Il a en outre, la capacité de tirer parti du peu que lui offre son environnement. Un simple contact va lui permettre d'imaginer une enveloppe suffisamment sécurisante et protectrice pour accéder à un sentiment de bien-être concernant la totalité de son corps.

D'une certaine manière, le nourrisson sait se recréer une peau qu'il commence à ne plus sentir, au moment où la proximité maternelle se fait plus floue.

L'enfant autiste, lui, n'a pas cette capacité de recréer cette peau imaginaire qui viendrait unifier son identité. Il n'accepte pas non plus qu'on la lui recrée, ignorant, annulant ou cassant ce qui pourrait évoquer, pour lui, une " relation ".

Nous savons que lorsque cette expérience de destruction est vécue des centaines de fois dans une famille, les liens nécessaires à la survie de chaque membre de cette famille, sont gravement mis en péril.

Avoir en tête que les mécanismes autistiques peuvent être regardés à la lueur des mécanismes de survie des nourrissons nous permet de nous référer à une étape de développement " normal " de l'être humain. Nous travaillons alors dans un espace qui concerne les mécanismes infantiles et non la pathologie.

En nous laissant voir, à travers l'enfant autiste, le nourrisson ou même l'enfant à naître, nous sommes conduits à accéder à ce que nous étions d'enfant et à reconnaître nos propres angoisses primitives, avec, bien sûr, le risque de nous y perdre.

Ce travail très particulier du thérapeute qui vise à se relier à la partie la plus régressée de l'enfant et donc à la partie la plus infantile de lui-même doit se travailler, parfois même, au jour le jour.

En ce qui me concerne, l'élaboration de ce contexte thérapeutique vient me toucher dans un moment très particulier de ma vie personnelle : notre couple est en effet, en cette fin d'année 1981 dans un projet " d'avoir " un enfant.

Je perçois très vite comment mon désir de porter un bébé et de le mettre au monde se situe dans des zones proches de celles où Milie pourrait m'emmener. Mais notre place même de thérapeute ne vient-elle pas parler de la jointure entre notre fonctionnement inconscient et la part de l'autre qui vient s'y projeter.

Un jour me vint l'idée du " pack ". Même si cela m'apparaît maintenant clairement, il m'a fallu des années pour repérer comment cette idée était reliée à mon propre désir d'enfant.

Cinq soignants se joignirent à moi pour travailler sur le sens que pourrait prendre cette médiation thérapeutique, et pour m'aider à réunir les éléments théoriques nécessaires.

Le " pack "

Il s'agit d'une technique d'enveloppement utilisée au début du dix-neuvième siècle comme moyen de contention. En 1980, cette technique commence à être utilisée dans les hôpitaux psychiatriques et les institutions d'enfants comme support thérapeutique.

Le " pack " est un enveloppement humide et froid qui comporte un rituel très particulier. Dans la pièce, sur un lit, sont posés successivement :

- Une première couverture chaude.
- Une seconde couverture chaude.

- Un drap sec.
- Un drap mouillé, froid et essoré.

L'enfant est enveloppé de manière bien serrée, du cou jusqu'aux pieds, d'abord avec le drap humide, puis, avec le drap sec, la première, et la seconde couverture. Cet enveloppement dure environ trente minutes. Le réchauffement a lieu presque immédiatement, puis s'amplifie.

Une idée qui fait peur.

Cette technique n'a pas manqué de poser de nombreuses questions aux soignants de l'institution ainsi qu'aux parents. Nous avons pris le temps de les écouter. Voici quelques propos recueillis par les soignants de Milie au moment de l'annonce du projet du " pack ":
- On doit se sentir étouffer !
- Ça transforme en momie ! J'imagine un cadavre sous des draps blancs...
- Quelle angoisse de ne plus pouvoir bouger !
- Tremper des draps dans de l'eau glacée ! Mais vous allez la rendre malade, cette petite... Vous trouvez qu'elle ne souffre déjà pas assez !
- Et vous allez la laisser trente minutes là-dedans !
- Et si elle veut sortir ?

Devant les peurs exprimées des soignants, nous décidons de reporter ce projet et de prendre le temps d'explorer pour nous-même, les sensations et les images que procure un tel enveloppement.

Nous demandons alors l'aide d'une femme psychothérapeute intéressée par notre projet. Elle assistera à quelques séances et en assurera la " supervision ".

Nous mettons fin à ce travail de préparation au bout de quelques semaines. Nous avons alors repéré des éléments " techniques " qui nous semblent importants :

- Nous ne ressentons notre corps comme une unité entière et limitée que lorsque les draps et les couvertures sont totalement repliés au bout des pieds.

- Après le réchauffement initial, qui dure une vingtaine de minutes, la température à l'intérieur du " pack " baisse de nouveau, que la personne enveloppée soit en état de relaxation ou de tension.

Nous rapportons les éléments de nos découvertes à l'équipe soignante. Cependant, nous décidons de garder confidentielles les images qui nous sont venues pendant ce court travail. Elles ont à voir avec nos histoires personnelles, faisant remonter pour la plupart d'entre nous des éléments très régressés que chacun peut ou non, choisir de continuer à travailler.

Anne, infirmière dans le service, et moi-même décidons de nous engager toutes les deux dans ce projet.

Alors vient pour Milie le temps du " pack ".

Une pièce vide, petite, un lit, un lit d'hôpital... Ici, tout paraît blanc ou presque. Avant d'utiliser cet endroit, nous avons fait repeindre les murs avec de belles couleurs, mais cette pièce reste sans chaleur.

Les couvertures sont étendues, les draps aussi. Milie est là. Apparemment indifférente, elle attend ou plutôt s'affaire à " rien ", comme elle sait le faire depuis des années, tentant peut-être de combler le vide ou plus simplement de se sentir exister. S'agiter, s'activer pour se sentir être, c'est peut-être déjà avoir fait le choix de continuer à vivre.

Milie va nous laisser plonger le drap dans l'eau glacée, le tordre, le déposer sur le drap sec et les couvertures déjà installées sur le lit, sans exprimer quoi que ce soit. Passive, elle se laisse déshabiller. Elle ne fait aucun mouvement ni pour accompagner nos gestes ni pour y résister. Nous l'allongeons sur le drap humide, puis enroulons autour d'elle rapidement le drap sec et les couvertures chaudes.

Dans ce grand maillot dont la tête seule dépasse, Milie a un peu l'air d'une poupée de cire. Blanche, étendue là sans résistance, elle nous renvoie à nos fantasmes de mort. Nous partions à la rencontre d'un bébé et voilà que le maillot prend des allures de suaire.

Les premiers mots que nous lui adressons ressemblent à une excuse ou à une sorte de mauvaise argumentation :
- Nous n'avons rien trouvé d'autre que le " pack " pour aller te rejoindre là où tu es.
Je ne sais plus bien aujourd'hui si cela lui était destiné ou si ces paroles n'avaient pas d'abord comme objectif de nous rassurer.
Le regard perdu, Milie semble admettre ce qui lui arrive sans se poser de questions. C'est comme si cette nouveauté de l'enveloppement n'était ni plus ni moins incongrue que tout le reste. Ne l'oblige-t-on pas déjà à s'alimenter, à s'habiller tous les matins, à se déshabiller tous les soirs, à passer son temps au milieu des autres ? Milie sait tellement accepter !
Deux fois par semaine, nous répétons le même rite. L'enveloppement lui-même dure vingt minutes et chaque séance, quarante-cinq minutes. Les mois passent. Nous avons le sentiment de plus en plus clair que l'utilisation de cette technique n'a de sens que pour nous.
Comment permettre alors à Milie de trouver son propre sentiment de sécurité, sans la heurter, sans la menacer ? Comment lui dire, lui montrer qu'elle n'a pas à craindre l'existence d'un lien, d'une relation, alors même que toute présence et tout désir génèrent si rapidement l'évitement ou l'angoisse ?
Emmurée, défendue, Milie résiste. Cela dure une année entière. Il va sans dire que l'épuisement nous envahit plus d'une fois. Je ne sais pas ce qui nous fait encore rester à l'affût des signes éventuels qu'elle pourrait nous donner.

Une histoire de peau.

Et puis un jour, au moment où nous la sortons du drap, sa peau se met à frissonner. Je ne sais pas ce qui se passe alors pour Anne, mais je sais que le frisson prend place sur ma propre peau avant que je puisse comprendre, penser où même ressentir quoi que ce soit. Alors seulement me viennent quelques mots que je lui murmure :
- Tu as froid Milie, nous allons t'habiller !

J'éprouve alors une telle reconnaissance pour ce qu'elle vient de montrer que j'ai envie de la prendre dans mes bras. Nous avons tant attendu ce moment ! Je n'en fais rien et je sais maintenant que c'est elle qui m'a retenue. Ce frisson partagé allait nous permettre de continuer.

Les semaines passent et Milie frissonne de nouveau. Moi aussi.

Au début des séances, Milie se met maintenant à trembler. Avant même que nous la mettions dans le " pack ", elle anticipe le froid. Pour les mêmes raisons, elle en sort plus difficilement, retient à elle les draps et les couvertures qu'elle envahit de sa chaleur. Milie a chaud, froid, anticipe les changements de température qu'elle se laisse maintenant ressentir. Elle nous montre enfin, dans ce lieu privilégié de sa psychothérapie, ce qu'elle désire.

Comme une plainte.

Peu de temps après, Milie se met à geindre. Elle quitte progressivement son rituel " Be'dâa... ", pour émettre une sorte de plainte gutturale. Cela n'a pas lieu durant ses moments d'isolement, mais dès que la situation semble lui être inconfortable.

Une fois enveloppé, son corps demeure tendu, sur ses gardes, nous indiquant en quelque sorte de ne pas précipiter la rencontre. Je ne me suis alors jamais beaucoup approchée d'elle, la sentant plus menacée que satisfaite par un éventuel contact.

Milie refuse maintenant de sortir du " pack ". Alors que nous la retirons du lit, elle saisit le drap sec et tente de recréer cette enveloppe. Se recroquevillant sur elle-même, elle s'enfouit tel un poussin dans son oeuf. Ainsi, reprenant à son compte ce que nous avions imaginé pour elle, Milie, à sa manière, poursuit le travail.

Au fil des séances, elle choisit de se laisser glisser hors du lit et vient s'asseoir sur mes genoux, le dos collé à mon ventre.

Dans ce nouveau " pack " qu'elle s'invente, le drap lui sert en même temps de protection et de limite entre mon corps et le sien. Elle repousse mes bras, me figeant dans une place de statue, et me contraignant de cette manière à respecter la distance qui lui est nécessaire.

Milie semble s'installer en elle, peut-être avant de s'installer dans une relation. Quelle curieuse création elle met en oeuvre là, évoquant si fort le positionnement d'un fœtus, mais aussi l'isolement et l'absence ! Ce drap blanc dont elle se recouvre, renvoie de nouveau à la peau contenante de l'utérus et en même temps au linceul, nous contraignant au vide et au silence.

Milie, petit enfant à naître, mais aussi être humain tellement tenté de ne pas exister, Milie qui s'est inventé un compromis entre être là et ne pas y être, sachant voir sans regarder, entendre sans écouter !

Le risque de s'y perdre.

Dans cette phase très particulière, où son propre enveloppement succède à celui que nous lui imposons, le temps semble ne plus exister. Milie aurait-elle réussi à nous emmener dans un autre temps, aux confins du risque de vivre et de celui de " repartir " ?

Nous travaillons sur un fil si peu repérable que ce sont les soignants du groupe que fréquente Milie à l'hôpital de jour qui, à la fin des séances nous " rappellent à l'ordre ". Depuis quelques semaines, la durée des séances de psychothérapie s'avère très anarchique. Milie a, en quelque sorte, repris les choses en main, réinventant un support de travail, bousculant nos projets et nos limites. Comment alors prendre en compte ses désirs ou son besoin, tout en continuant nous-mêmes à imaginer, à penser, à désirer ?

Dans cette histoire, c'est un peu comme si chacun ne pouvait exister qu'à tour de rôle.

Une larme.

L'étape suivante est marquée par l'opposition de Milie. Elle se débat, geint. Notre culpabilité à maintenir une telle contrainte augmente au fil des séances, ceci d'autant plus qu'elle nous montre maintenant un peu plus de créativité. Elle s'est mise à gémir en position fœtale et à accepter de sentir la chaleur de mes bras à travers le drap.

Nous convenons, Anne et moi, de ne maintenir l'enveloppement que pendant une dizaine de minutes. Nous prenons du temps pour lui dire que nous savons qu'elle n'aime pas être dans " notre pack " et qu'elle y restera moins longtemps qu'avant. Je rajoute (peut-être pour lui demander de m'excuser encore), que nous le maintiendrons parce que cela va venir lui rappeler son histoire de petit bébé…

Une larme perle au bord de l'œil droit de Milie. Etrange manifestation qui nous fait d'abord imaginer qu'elle va pleurer. Mais cette larme qui s'accroche à la paupière, se retient, elle aussi, de s'exprimer.

Cela va durer pendant des mois, et le médecin ophtalmologiste consulté par ses parents parlera de conjonctivite chronique. Si cette larme prend tant d'importance, c'est aussi parce que nous pouvons enfin commencer à poser notre regard dans le sien. Milie " s'échappe " moins vite que d'habitude. Elle paraît laisser en elle, quelque chose s'émouvoir, se mettre en mouvement. Milie exprime maintenant ce qui lui est agréable et désagréable dans cette situation. Elle montre qu'elle désire continuer ou qu'elle désire s'arrêter. Nous la sentons, enfin, vivante et désirante.

Pack

Draps enroulés, serrés tout blancs,
Ce corps qui me contient dedans.
Morceaux défaits et rattachés,
Déshabillés, roulés, serrés.
Silence blanc, ça bouge bas.
Soudain c'est l'heure, ôter les draps,
Se rhabiller, sortir, partir,
Et accepter de revenir.
Déshabiller, rouler, serrer,
Mouiller et un jour frissonner,
Oser crier et puis quitter.
Se rhabiller, recommencer.
Draps enroulés, serrés tout blancs,
Gelés, mouillés, pipi dedans,
Frissons, chaleur et tremblements,
Sentir, mais pas pour très longtemps.
Enlever les draps trop serrés
Pour laisser le corps se sauver,
Se rhabiller, vite s'enfuir,
Empêcher le corps de frémir.
Recommencer, déshabiller,
S'envelopper et retrouver
Le froid, le chaud, le corps entier.
Laisser le souffle s'installer,
Et sur sa vague enfin peut-être,
Se laisser dire et oser naître.

Des sons cassés.

Ainsi Milie a maintenant accès aux émotions. Cette étape-là nous permet de continuer à espérer qu'elle va encore gagner un peu d'humanité.

Nous pratiquons cet enveloppement depuis dix-huit mois maintenant. Le mouvement intérieur que s'autorise Milie se repère aussi à la modification de son expression orale. Les " be'dâa... " utilisés pendant les moments d'isolement sont toujours présents, mais apparaissent maintenant des sons qui ont valeur de communication. Ce sont des plaintes, quelques sons hachés, cassés " aa, oo, on, an, " des sons isolés les uns des autres.

C'est un peu comme si les premiers éléments de langage qu'elle ose émettre, soulignaient son propre sentiment de rupture d'avec le monde. Ces liens qu'elle refuse prennent forme maintenant dans sa bouche même. Les sons se heurtent les uns aux autres dans cette cavité qui les contient sans plaisir. Milie n'a aucune tendresse pour elle-même.

Nous sommes là au cœur de sa maladie. Ce qui se montre comme un trouble de la relation à l'autre, semble d'abord être une impossibilité à se sentir entière, reliée à elle-même et vivante. Alors que tout cela apparaît de manière plus évidente, notre place de thérapeute reste difficile. Il s'agit de continuer à désirer sans trop l'envahir, de continuer à l'accompagner, et de l'inviter à cheminer en lui permettant d'augmenter son sentiment de sécurité intérieure.

Comme nous l'avons dit plus haut, la manière de travailler pendant la séance s'est modifiée. Milie est allongée dans le " pack " que nous lui imposons pendant une dizaine de minutes. Elle prend ensuite le temps de s'installer dans la bulle qu'elle se crée avec le drap sec mis à sa disposition. Les pieds et les fesses, d'abord posés sur mes genoux, Milie se recule maintenant jusqu'à chercher le contact de mon ventre.

Là, elle s'installe pour quelques minutes et parfois laisse sortir de sa gorge quelques sons " éé, éé, " qui semblent de plus en plus souvent en écho à mes propres paroles alors même que je chantonne " bébé, bébé ! " Nous les recevons comme de véritables cadeaux qui toujours nous parviennent lorsque nous ne les attendons plus.

Désir d'enfant

Dans ces moments là, je ressens comment Milie qui me colle au corps me fait toucher l'absence de l'enfant attendu dans ma vie depuis dix-huit mois... Bien sûr, il y a aussi dix-huit mois, naissait en moi l'idée du " pack ", venant coïncider avec mon désir d'être enceinte... Bien sûr, ce projet à l'égard de Milie est un peu celui d'une mise au monde... Bien sûr, Milie nous évoque un enfant d'avant la naissance...

Tout cela se trouve à coup sûr connecté quelque part, quelque part entre elle et moi.

Plusieurs fois, dans ce contact si proche et si lointain, la tristesse m'envahit. Quelle rencontre étonnante entre cette enfant à la recherche de son existence naissante et la femme que je suis dont le désir d'enfant ne parvient pas à prendre corps ! Recroquevillée contre mon ventre, Milie rêve et moi aussi.

Mes interrogations sont maintenant d'autant plus fortes qu'Anne vient de m'annoncer qu'elle va quitter le Centre psychothérapique pour des raisons personnelles. Je resterai donc seule à assurer la poursuite du travail. Ceci va entraîner des changements dans la forme de la psychothérapie. Je sais que je ne pourrai pas envelopper Milie seule et je n'imagine pas non plus quel changement nous allons pouvoir mettre en oeuvre.

Milie semble aussi avoir perçu quelque chose de l'annonce de ce départ et son opposition se montre plus activement au moment où nous préparons les couvertures et les draps...

Les bottes.

Il pleut à verse et la petite salle blanche paraît encore plus froide et plus triste que d'habitude. Aujourd'hui, Milie s'est laissée facilement envelopper, et elle est là, toute pâle dans les draps blancs. Ses vêtements sur la chaise, ainsi que ses petites bottes rouges l'attendent patiemment, un peu comme nous, habituées, s'il est possible, à cette épreuve du temps.

- Bottes !

Et comme nous restons clouées à nos chaises, Milie insiste d'un ton encore plus sûr :

- Les bottes !

Aucune méprise possible. En prononçant, puis en répétant ce mot, Milie fixe du regard ses petites bottes. Elle nous communique sans ambiguïté qu'elle veut remettre ses vêtements et partir. Elle répète plusieurs fois ce même mot, alors que nous restons comme pétrifiées, nous demandant encore si nous ne rêvons pas !

Ce mot-là n'est-il pas seulement une transformation de son " Bedâa… "? Qui le saura jamais ?

" Bottes… Bedâa… " ? Peu importe. Ce que nous entendons, c'est que Milie nous demande ses bottes.

En faisant cela, elle se met en relation avec nous, en exprimant dans notre code langagier, son désir de mettre ses bottes, acte qui marque habituellement le temps de la fin de la séance. En même temps aussi, elle montre et dit son projet de mettre fin à cette relation-là.

Notre tentation est immense de lui donner, tout de suite, ce qu'elle semble attendre ! Pourtant, nous ne le ferons pas. Peut-être savons-nous intuitivement que si nous l'autorisons à mettre en acte son désir de manière immédiate, à savoir " mettre ses bottes ", nous faisons se craqueler le cadre du temps de la psychothérapie. Alors, nous maintenons l'enveloppement pendant la durée habituelle.

Je m'entends dire à Milie qu'elle aura ses bottes lorsque le temps du " pack " sera fini.

Milie s'est tue. Son émotion a disparu. Seule, une petite larme hésite au bord de son oeil droit. Le doute nous envahit. A-t-elle vraiment parlé ? N'aurions-nous pas dû accéder à son désir immédiatement ? Nous demandera-t-elle encore quelque chose ?

Ces questions m'envahissent d'autant plus que je vais devoir, dans peu de temps, poursuivre le travail de psychothérapie, seule.

Je suis perdue dans mes rêveries quand Anne annonce l'heure de la fin de l'enveloppement. Milie semble avoir, elle aussi, entendu en même temps que moi, car voilà qu'elle s'exclame dans un langage qui, cette fois, ne comporte plus pour nous aucune équivoque :

- Les bottes ! Les bottes !

Milie se débat, tente de sortir des draps qui l'entourent, nous incitant à la dégager au plus vite. Le petit corps blanc est devenu rose de plaisir ou de désir.

Nous avons, Anne et moi, l'intime conviction que Milie a accepté et utilisé cette forme thérapeutique si particulière pour enfin se sentir exister et naître.

Nouveau-né s'extirpant d'un placenta qui lui colle encore à la peau, enfant surgissant des limbes, Milie est là, nue, nous tendant ses bottes.

- Maman !

Milie s'élance vers sa mère, s'arrêtant brusquement à une distance respectueuse qui lui permet de ne s'engager dans aucun contact.

- Maman !

Mme M. accueille sa présence et ses mots avec un large sourire. Cependant elle ne bouge pas, connaissant intuitivement les difficultés de sa fille à accepter une trop grande proximité. Elle se tourne alors vers moi et, des larmes plein les yeux, murmure :

- Je crois que Milie a deux mamans !

C'est trop ! Comme je te comprends, Milie, de ne pas pouvoir accepter tout ce qui nous vient de l'autre, tout ce qui pourrait nous envahir, nous charger ou nous perdre...

Je reste sans voix devant les mots et l'émotion de la maman de Milie. Qui plus est, je crois que je fais un pas en arrière.

Certains enfants autistes n'ont-t-il pas dû, eux aussi, dès le commencement de leur vie, se mettre à l'abri d'un risque, peut-être imaginaire, d'être envahis, submergés, voir annulés ?

Les bottes

On ne s'y attendait pas, c'est venu comme ça,
T'avais rien dit jusque là, rien que tes " Be'dâa ".
Depuis six ans qu' t'étais née, nous on s'était dit :
Elle n' va plus se décider, maint' nant c'est fini.

Puis un jour pas comm' les autres, qu'on n'attendait plus,
T'as dit un mot comm' les nôtres et t'as bien voulu
Laisser s'échapper de toi, un p' tit peu de vie.
Les frissons t'ont envahie, j' peux t' dire, nous aussi.

T'as saisi le fil tendu et comm' deux p' tit' notes,
T'as laissé glisser dessus, deux p' tits mots " Les bottes",
Ces bottes qu'on t'avait enl' vées pour mieux t'env'lopper
Dans ce maillot froid et chaud, qu' t'as voulu quitter.

Prends tes bottes, mets les aux pieds et va ton chemin.
Y' a des mots qui, entre nous, se donnent la main.

Une grossesse possible.

Nous sommes au mois de juin 1983. Milie a six ans et demi et semble " décidée " à nous rejoindre...

Plusieurs changements dans la réalité accompagnent curieusement le mouvement intérieur de Milie :

- Elle part dans l'Aveyron pour un second séjour de rupture d'une durée de trois semaines.

- Elle sait qu'Anne aura quitté le service à son retour. Celle-ci le lui a dit plusieurs fois, se préparant elle-même et préparant Milie à son départ.

- Elle a entendu que je n'utiliserai plus le " pack " dans les séances de psychothérapie. Anne et moi avons estimé qu'il était préférable de ne pas introduire un autre thérapeute dans cette histoire particulière. J'assurerai donc seule la poursuite du travail.

Un autre changement d'importance survient dans une réalité qui, cette fois me concerne. Deux mois après l'arrêt du " pack ", mon désir d'enfant prend corps. Je suis enceinte.

Que s'est-il passé ? Milie aurait-elle été jusque là, dans cette place d'enfant à naître ? N'étais-je pas, en effet, à son égard, dans une attente proche d'une grossesse ?

Se laisser entendre l'écho...

Je reste encore aujourd'hui profondément étonnée de l'écho incessant entre d'une part les mouvements internes des êtres humains, leurs sens dans l'histoire individuelle, familiale et sociale et d'autre part les événements de la réalité qui ponctuent cette même histoire. Quel mouvement précède l'autre ? Ne s'agit-il pas plutôt d'interactions fantasmatiques, allant et venant continuellement, et qui selon l'opportunité, vont s'inscrire dans une mise en acte.

Tout le travail théorique élaboré d'abord par Françoise Dolto, poursuivi par Serge Lebovici et les équipes travaillant dans le domaine de la périnatalité a éclairé ce concept d'interactions fantasmatiques, permettant de dégager l'enfant réel de l'enfant imaginaire ou imaginé dans l'axe transgénérationnel.

D'une certaine manière, l'enfant autiste ne parvient pas à accéder à sa place d'enfant réel. Avoir en tête (et probablement plus qu'en tête) que la pathologie autistique doit être abordée en référence à la périnatalité m'a semblé un choix facilitant considérablement le travail.

Continuer à inventer...

Milie est partie trois semaines en séjour " de rupture ", chez Serge et Dominique T., " sa " famille aveyronnaise. Ensuite, elle a passé un mois de vacances avec ses parents et ses deux plus jeunes sœurs. La psychothérapie reprend donc son cours après deux mois d'interruption.

Je me sens très centrée sur ma grossesse débutante, et plutôt confiante dans le travail qui va pouvoir se poursuivre avec Milie. Ses parents m'ont confirmé que les mots de vocabulaire qu'elle employait pour communiquer étaient plus nombreux depuis leur retour et qu'elle s'était montrée joyeuse de partager les longues marches à pied qu'ils avaient faites ensemble cet été.

Les vacances pour les uns et pour les autres agissent comme une expiration après une inspiration. Elles constituent la régulation nécessaire d'une respiration qui ne peut pas se faire plus rapide qu'elle n'est.

Pour cette raison, nous sommes de nombreux thérapeutes à constater une reprise évolutive tout à fait importante après un arrêt nécessaire des soins psychologiques.

C'est aussi pour cela qu'il convient, à mon avis, d'être très prudent quant aux projets d'hyper stimulations cognitives et éducatives qui se mèneraient sans respect pour les rythmes d'acquisition et de pause de l'enfant. Un enfant, comme un adulte, qui inspirerait sans jamais souffler serait condamné à un étouffement à court ou moyen terme. De nombreuses anorexies scolaires ne sont-elles pas la conséquence de ce non-respect des rythmes individuels ?

Milie revient donc après avoir " soufflé ". Elle porte aujourd'hui, une jolie robe rose manifestement choisie avec soin. Pourtant, rien n'arrive à masquer cet inquiétant petit corps maigre et anguleux qui, d'emblée, annonce sa difficulté à être, contacter, se relier.
   - Bonjour Milie !
Milie détourne son regard, silencieuse.
   J'imagine, et je lui dis, que ce n'est pas facile de revenir au Centre et de devoir quitter ses parents pour la journée. Mme M., qui l'accompagne, rajoute que ses sœurs, elles aussi, vont bientôt reprendre l'école et que chacun dans la famille, comme elle, aurait préféré rester en vacances.
   Milie ne bouge pas, n'exprime rien d'autre qu'un malaise que Mme M., comme je l'avais fait auparavant, relie à la situation même de la " rentrée ". Milie nous permet aujourd'hui de penser comme nous aurions pu le faire pour un autre enfant. Sa bizarrerie n'est plus totalement au premier plan. Cela s'est fait à mon insu et je pense aussi à l'insu de sa mère. L'évitement qu'elle affiche a été spontanément attribué au retour difficile des vacances et non à son repli autistique.
   J'ai dû " souffler " moi aussi, et oublier un peu...

Mme M. s'inquiète de la reprise de la psychothérapie, du changement que l'absence d'Anne va introduire. Son mari et elle-même ont remarqué que Milie avait souvent cherché à s'envelopper avec des vêtements ou des draps. Ils l'ont entendu plusieurs fois prononcer le mot " pack " dans ces moments-là.

Je rassure Mme M. sur la poursuite des séances et m'adresse à Milie en lui disant que nous avons beaucoup de choses à découvrir.

Je n'avais pas à en douter. Dès la première séance, Milie me fait signe très clairement d'enlever le lit sur lequel elle avait été enveloppée. Elle se met à le pousser pour tenter de le faire sortir par la porte.

- Nous n'y arriverons pas Milie. Le lit est trop lourd. Mais nous pourrons le faire enlever. Le " pack ", c'est fini.

Alors, elle s'écrie, joyeuse :

- Fi( )i " pack "! Fi( )i " pack "!

Nous avions déjà commencé à inventer.

Quelques jours plus tard, on nous enlève le lit. J'installe à la place, par terre, un matelas joliment recouvert de coussins. Je décide de ne rien changer d'autre pour que tout reste bien repérable par Milie. Les jouets auxquels elle n'a jamais touché remplissent le coffre ouvert. A côté, sont restées la petite chaise et la petite table, enfin un siège d'adulte. Notre espace est bien limité... Cette pièce n'arrive pas à me plaire. Je n'ai pas le choix, c'est là qu'il faut continuer.

Je suis pourtant tout à fait sûre que le confort que nous nous donnons pour travailler fait intimement partie du cadre et donc du soin que nous proposons à l'enfant.

Mais qu'est-ce que le confort pour Milie ?

En arrivant dans la salle, elle se met à faire le tour du matelas posé à terre, comme dérangée par cet intrus. A nouveau, je lui confirme verbalement ces changements :

- Le " pack " est fini, Milie. J'ai installé ce matelas pour s'asseoir ou jouer...

Je me sens bien démunie, seule, à côté de cette petite fille à qui j'ai osé proposer de jouer alors même qu'elle commence tout juste à se sentir exister ! Comme les mots me semblent inadaptés pour la rejoindre !

Milie s'est accroupie dans un coin de la pièce, coincée entre la petite chaise et le mur. Là, les bras ballants, les yeux levés au ciel, elle a repris son leitmotiv préféré : " Be'dâa... Be'dâa... Be'dâa... "

J'ai beau savoir que le chemin sera long, que peut-être même, elle ne s'accrochera pas aux fils qui lui sont tendus, le désespoir m'envahit aujourd'hui. Vais-je pouvoir continuer seule ? Ma rêverie m'entraîne alors vers mon bébé qui a pris place dans mon ventre. Pourquoi ne pas exprimer ce qui me traverse pour le moment, un peu comme elle est en train de le faire elle-même, en se laissant être seule dans son coin ?

- Depuis longtemps, je désirais un bébé. Eh bien, il est là, tout petit dans mon ventre ! Il va grandir, faire grossir mon ventre et, un jour, il sortira...

Milie se tait, puis se met debout. Pendant un instant, je crois qu'elle va quitter la pièce. Elle hésite, puis part se replier à nouveau dans son coin et accroupie, murmure :

- Bébé mal... Bébé " pack "... Bébé malade…

Elle exprime tout cela dans les mêmes tonalités que son " Be'dâa… Be'dâa… ", l'air de rien.

Milie parle d'elle comme je parlais de moi, à mi-chemin entre elle et moi.

Les séances se succèdent les unes aux autres, toutes différentes, parfois désespérantes de répétition, parfois aussi totalement inattendues. Mon ventre grossit et je reçois de Milie les premiers élans d'agressivité verbale. Pointant furieusement son doigt en direction de mon ventre, elle s'écrie :

- Bébé malade ! Bébé thérapie !

Milie semble avoir pris son élan pour exprimer cela. Elle met en œuvre une énergie étonnante pour tenter de se délester de son " enveloppe " malade en utilisant la présence d'un autre enfant, en l'occurrence le mien, dans une autre enveloppe.

Je sais que ma grossesse fait travailler Milie. J'ai aussi le douloureux sentiment que, d'une certaine manière, j'offre mon enfant à venir comme objet de transfert d'une relation qui, elle aussi, est en train de naître. Curieusement, les paroles et l'émotion de Milie ne m'angoissent pas outre mesure. Il y a probablement plusieurs raisons à cela :

- Tout d'abord, je ressens comment Milie me parle essentiellement de sa propre confrontation et de son identification à ce bébé. Ces mots prennent sens dans tout ce que Milie met en oeuvre pour se relier, se différencier et oser exister.

- Enfin ma dernière échographie a permis de repérer qu'il s'agit d'un petit garçon. Je respire mieux, comme si la connaissance de cette réalité me permettait de sortir du sentiment de confusion dans lequel me plonge si souvent Milie. Mon mari et moi, pour des raisons différentes, reconnues ou inconnues, pensons à un prénom qui évoque la solidité...

Ma grossesse touche à sa fin. La psychothérapie individuelle va s'interrompre pendant une durée de trois mois.

Trois semaines après avoir cessé mon travail, je mets au monde, à la date prévue et dans une grande sérénité, un petit garçon nommé " Pierre "...

Le mal de vivre.

C'est l'été 1984, Milie a maintenant sept ans et demi. Elle promène son petit corps trop maigre comme s'il ne lui appartenait pas vraiment. Elle me paraît s'être voûtée.

Les séances de psychothérapie sont réintégrées à son programme de soins dès mon arrivée, avec la régularité d'une pendule. Je vérifie encore à quel point l'articulation de nos différentes places dans la thérapie globale de Milie a été respectée et je sais combien cela a facilité tout le travail.

Milie me retrouve comme si elle m'avait quittée la veille. Ses parents l'ont informé de la naissance de Pierre, mais je ne sais rien de ce qu'elle a ou n'a pas manifesté. Elle ne montre aucun étonnement à ma transformation physique. Mais quelle perception a-t-elle du corps de l'autre, et du sien ? Que représente mon temps d'absence en référence à sa propre manière d'être ou de s'absenter dans son temps à elle ?

Aujourd'hui, pourtant, pour la première fois, c'est Milie qui me précède dans la salle de thérapie. Le soleil a envahi la pièce. La fenêtre est grande ouverte. Milie va s'empresser de la fermer, comme pour mieux signifier l'espace clos et confidentiel de la séance, comme aussi pour se rassurer sur l'immuabilité de ce lieu.

Cela va faire quatre années que nous nous rencontrons chaque semaine dans cet endroit si peu confortable et j'ai l'impression de ne pas avoir vécu de changements de saisons. Le temps pour moi aussi s'est écoulé autrement.

Ce matin, j'ai laissé Pierre chez sa nourrice, avec un pincement au cœur, et mes pensées vont et viennent de Milie à mon fils. La naissance, la pétulance, le désir de communiquer de mon petit garçon qui n'a que deux mois et demi, m'ont fait toucher de plus près encore, la détresse de Milie.

- Comment vas-tu Milie ?

Milie pleure comme je ne l'ai jamais vu pleurer. De gros sanglots étranglent sa voix et sa respiration. Elle a manifestement quelque chose à me dire, mais elle n'y arrive pas. Parler pour Milie c'est comme inventer à chaque fois, sortir d'elle-même, oser ce qui est inconnu, peut-être même dangereux pour son existence naissante. Pourtant, elle aligne ces quelques mots :

- Milie malade ! Peur ! Mal !

Je me sens bien impuissante devant ce petit bout d'être humain qui n'accepte même pas d'être consolé. Alors, je vais lui parler, lui dire que nous allons continuer à travailler ensemble pour qu'elle ait moins peur, lui dire qu'elle a osé regarder autour d'elle et se relier après s'être enfermée si longtemps dans sa bulle, et lui dire, je ne sais plus trop quoi encore.

Il me semble que Milie s'apaise un peu. Elle laisse échapper au milieu de ses larmes, des mots et des associations de mots qui prennent progressivement sens pour moi :
- Peur... Trop dure, la vie... Pas beau...

Les séances se succèdent dans cette tonalité dépressive. En osant vivre, Milie ressent le manque, condition nécessaire au désir. Mais elle le ressent durement, sans trouver ce dont elle a besoin pour continuer.

La vie qu'elle découvre est remplie d'exigences. Devant l'explosion de son langage, les soignants lui en demandent plus. Elle participe maintenant à un atelier pédagogique avec le projet qu'elle puisse se familiariser avec l'écrit et peut-être un jour avec la lecture. Puis s'enchaînent la relaxation, le travail d'expression en groupe, les séances d'orthophonie.

Milie résiste beaucoup à toutes ces propositions, mais elle ne parvient pas à s'opposer de manière active. Elle peut d'autant moins le faire que sa famille soutient l'ensemble des projets institutionnels. Toutes ces stimulations à la sortie d'un univers clos, c'est " trop ", comme elle ne cesse de me le répéter.

Une régulation des propositions faites à Milie s'impose. Les négociations avec les différents intervenants seront difficiles, soit parce que Milie ne montre pas son opposition aux infirmiers qui la font travailler soit au contraire parce qu'elle refuse tout, passivement. Globalement, le projet ne sera pas modifié. Les soignants questionnés sur le sens de leurs propositions y apporteront cependant un peu plus de souplesse.

Pendant les séances, le malaise de Milie m'envahit et toute tentative pour m'approcher physiquement d'elle, la fait s'éloigner. Elle continue à me parler. Son vocabulaire est restreint. Ses mots sont toujours chargés de sens et elle vient les déverser là, en vrac, dans le lieu où il n'y a rien à apprendre que de soi-même. Et je me retrouve, moi, avec les " peur, mal, trop dur, pas beau... ", auxquels se rajoutent dans les semaines et les mois qui suivent, les " faut pas entendre, faut pas regarder, peut pas jouer, sait pas faire, peut pas Milie. "

Quel chemin périlleux est le sien et quelle place difficile est la mienne ! Comment parvenir à l'accompagner sans la porter ni l'abandonner !

Il fait froid et gris, ce jour de janvier 1985. Milie vient d'avoir huit ans. Malgré la force qu'elle met à s'enraciner parmi nous, ses anniversaires deviennent, au fil du temps, des marqueurs de différence.

Aujourd'hui, Milie est absente. Son corps est là, mais rien ne l'habite. Elle se déplace à la manière d'un pantin, me suivant à distance, jusque dans la salle de psychothérapie. Une fois entrée, elle reste debout, figée, la bouche ouverte, les yeux dans le vide. Je ne sais pas pendant combien de temps je la sens ainsi se transformer en objet, mais cela me semble être des heures.

- Qu'est ce qui se passe Milie ? Qu'est ce qui ne va pas ?

Milie semble ne pas m'entendre, ne pas me voir... Je ne sais plus que dire, que faire... Viennent alors se percuter en moi toutes les images de ces enfants qui ont fini par trouver, comme seule alternative à leur souffrance, la débilité ou l'autisme le plus profond, en quelque sorte, l'immobilité.

Alors, sans que j'aie pu du tout anticiper son geste, Milie ouvre la porte et sort précipitamment. Je ne mets pas longtemps à la retrouver et pourtant trop de temps. Elle s'est précipitée sur la route et elle est là, au milieu du carrefour, à quelques centimètres d'une voiture qui vient de s'arrêter dans un crissement de frein qui en dit long sur l'angoisse et la colère du conducteur.

Cette route très passagère longe le Centre psychothérapique et le sépare de l'immeuble où habite ses parents. Je n'ai jamais su si Milie repartait chez elle, je sais seulement qu'elle a failli mettre fin à sa vie.

Je sens à quel point pendant toute cette séance, Milie m'a fait côtoyer sa propre mort, d'abord sa mort psychique, ensuite, son risque de passage à l'acte.

La psychothérapie de Milie me bouleverse profondément et vient poser de sérieuses questions éthiques. Milie était isolée du monde, des autres, des apprentissages et nous sommes allés la chercher. Elle, n'avait rien demandé. En acceptant maintenant de se mettre en vie et en relation, elle se met à ressentir le manque, la peur, l'angoisse du changement et probablement du plus grand des changements, c'est à dire de la mort.

Ne peut-on pas d'ailleurs imaginer que se replier dans l'autisme, c'est une manière de " choisir " de se donner la mort plutôt que d'avoir à accepter un jour qu'on vous la donne ? Ceux qui ont côtoyé des enfants autistes savent à quel point ce sont toujours eux qui choisissent, ne laissant personne le faire à leur place.

La tristesse et la souffrance semblent avoir silencieusement envahi la vie de Milie. Les séances se succèdent dans la répétition. Ce sont toujours les mêmes mots que Milie emploie : " trop dure la vie. Pourquoi ? Trop dure." Elle jette ces mots d'une voix sèche, comme désincarnée, d'une voix qui ne saurait pas trop quelle tonalité ni quelle forme emprunter.

A l'aide !

Puis un jour, ce fût comme si ses pleurs avaient mouillé sa voix. Milie s'est mise à me parler en sanglotant. Sa parole et ses émotions semblaient s'être enfin donné rendez-vous.

Je l'entends alors déposer des mots sur ses sanglots :
- Mitèle ! Milie a peur ! Aide Milie !

Milie s'est approchée de moi, gardant cependant une distance raisonnable. Elle a prononcé mon prénom à sa manière, mais elle vient enfin de s'adresser à moi. Elle a " osé " faire le pas d'entrer dans notre mode de communication et tout m'apparaît soudain plus léger.

Accepter d'utiliser le langage verbal comme un mode de communication, c'est d'une certaine manière entrer dans le monde du symbolisme. Milie allait poursuivre son chemin. Dès les séances suivantes, son intérêt se porte sur les deux poupées, là depuis toujours, mais qu'elle semble découvrir. Elle s'empare alors de l'une d'elles, me la tend et me fait signe de lui enlever ses vêtements, tout en me criant :

- Bébé mal, bébé malade, bébé thérapie, Mitèle fait " pack " !

La manière dont elle va organiser ce " pack " va évoluer au fil du temps. Elle va d'abord appliquer tout ce qu'elle trouve, les coussins, les couvertures sur le corps de la poupée. Elle annonce alors :

- Ça va !

Ensuite, elle range tout très vite, se désintéresse de son " jeu " et retourne s'isoler.

Un jour, elle m'entraîne jusqu'à la baignoire, me pressant d'ouvrir le robinet d'eau froide. Elle sautille à mes côtés, passant d'un pied sur l'autre. Elle saisit une serviette éponge et, la tenant du bout des doigts, la lance sous l'eau froide qui s'écoule. Elle va ensuite l'utiliser pour envelopper le corps de la poupée. Elle ajoute rapidement les deux serviettes sèches. Le résultat est étonnant. Plus rien n'apparaît sous les épaisseurs de tissu. Une momie semble déposée là, sur le petit matelas.

A la mine réjouie de Milie, je repère que ce qu'elle vient de réaliser la satisfait totalement. Et comme je m'en étonne, elle tente une explication qui se veut rassurante :

- Dans la bulle, bébé mal, thérapie.

Milie annonce quelque chose autour d'un lien qu'elle commence à faire entre son isolement, sa " bulle ", comme elle continuera à l'appeler plus tard, et son expérience du " pack ". Puis, elle pointe son index gauche en direction de mon ventre en disant :

- Bébé mort.

Elle a prononcé ces mots tranquillement comme si elle venait donner une information. Une vague d'émotions me submerge. Mes pensées vont immédiatement à Pierre, mon petit garçon que j'ai déposé, le matin même, chez sa nourrice...

Quel pouvoir a Milie d'aller me rencontrer dans l'intimité de ma vie ? Cette façon de venir me solliciter n'est-elle pas l'écho de la manière dont elle-même s'est si fortement sentie touchée au cours de ce long travail ? Mais de quel bébé Milie parle-t-elle ? Il me faut quelques minutes pour faire surface.

Les émotions m'envahissent encore au moment où je parviens à dire à Milie que je ne comprends pas de quoi elle parle. Alors Milie va s'expliquer, et c'est à elle qu'elle semble d'abord dire :

- Bébé " pack " mort. Fini bébé ventre Mitèle.

Elle saisit alors la poupée enveloppée de linges et la jette à terre. Puis, elle s'accroupit, et, levant les yeux au ciel, elle déclare :

- Milie veut vivre. Où est Pierre ?

Milie vient, il me semble, de mettre en lien les deux " naissances ", la sienne et celle de Pierre. Elle les nomme toutes les deux comme étant issues d'un état de mort. Elle accepte d'être dans une certaine confusion, et elle peut maintenant l'exprimer. N'est-ce pas la condition indispensable à tout changement ?

Les mythes retraçant la naissance de l'univers ne décrivent-ils pas le chaos comme la matière informelle avec laquelle fût créé le cosmos, c'est-à-dire l'ordre harmonieux ?

Ne faut-il pas d'abord se laisser ressentir son propre désordre avant que celui-ci lentement parvienne à s'organiser ?

Devant moi Milie vient, je crois, de lever le voile enveloppant son silence confus et je découvre, en même temps qu'elle, les mille trésors sauvegardés. Je suis émerveillée et elle le sait.

Je réponds à Milie que Pierre est bien vivant et qu'il est chez sa nourrice qui prend soin de lui pendant que je travaille.

Elle s'est éloignée de moi depuis que je me suis mise à lui parler et de l'autre bout de la pièce, me lance à nouveau, de sa voix bizarre, de sa voix qui ne lui appartient pas encore totalement :

- Milie veut vivre.

Milie, brave petit héros de sa propre vie, qui, étape après étape, franchit les passages difficiles. Cent fois déjà, depuis le début de la psychothérapie, j'ai mesuré la force du cadeau que me faisait cette enfant, en me permettant d'être là, pour l'accompagner dans cette mise au monde différée. Tel n'est-il pas non plus le travail de la sage-femme, de l'accoucheur, responsables d'assurer la sécurité maximale nécessaire pour que l'enfant se mette en vie ?

Prendre soin de la naissance.

Nous sommes au printemps de l'année 1985 et un changement s'annonce dans ma vie professionnelle. Les contacts entre le service de maternité du Centre hospitalier et notre service de pédopsychiatrie se sont faits plus fréquents. La demande du médecin-chef du service de gynécologie-obstétrique est plus claire.

Son équipe souhaite la présence d'un psychologue et d'un psychiatre dans la maternité avec les objectifs suivants :

• Accompagner les femmes en difficulté pendant leur grossesse ou pendant leur séjour à la maternité.
• Créer un lieu de paroles pour toutes les mères qui viennent d'accoucher.
• Assurer une formation du personnel en étant présent dans la maternité et en travaillant avec lui.

Pour nous, thérapeutes en pédopsychiatrie, l'offre d'une collaboration avec la maternité prend tout son sens dans le cadre de la prévention des difficultés de l'enfant. Nous travaillons alors sur un projet commun centré sur les interactions mère-enfant et plus largement familiales au moment de la naissance. Ce projet est présenté à l'administration et accepté. Je suis alors détachée du Centre psychothérapique, douze heures par semaine, pour travailler dans le service de maternité. Je garde une activité importante en pédopsychiatrie et la psychothérapie de Milie peut se poursuivre régulièrement.

Dans ce moment particulier de mon évolution professionnelle, je me sens à la croisée de chemins que j'avais entrevus et qui viennent prendre sens dans la réalité de cette place qui m'est proposée dans ce service.

Travailler à la maternité, c'est avoir la possibilité de mieux repérer les premières interactions des enfants " à naître " ou nouveau-nés avec leurs parents qui, en les inscrivant dans leur filiation, vont leur permettre d'entrer dans leur univers familial et plus largement dans le genre humain. C'est aussi apprendre encore autrement ce que Milie n'avait pas mis en oeuvre pour sa propre vie. J'ai la certitude que la psychothérapie de Milie va s'en trouver enrichie.

Nous sommes en juin 1985 lorsque mon affectation dans le service de maternité a lieu. Milie ne manifeste rien de particulier à ma présence moins importante au Centre psychothérapique. Rien ne semble véritablement avoir changé pour elle. L'heure et le jour de nos rencontres se sont trouvés modifiés, mais le rythme reste le même, hebdomadaire, ainsi que le lieu.

Si pour Milie, rien ne paraît avoir bougé dans nos rencontres, il n'en est pas de même pour moi. La fréquentation régulière des nourrissons me fait repérer avec plus d'acuité, l'écart considérable entre les aptitudes relationnelles d'un nouveau-né et celles de Milie. Ce qui avait constitué mon hypothèse de départ dans l'accompagnement psychothérapique, vient soudain se confirmer dans la réalité de mes nouvelles observations possibles. Regarder les phénomènes autistiques avec l'éclairage des interactions périnatales prend alors pour moi tout son sens.

Et me voilà allant et venant de la manière d'être de Milie à celle des nouveau-nés, un peu comme j'étais allée et venue auparavant, de ma fonction de thérapeute, à ma grossesse devenue possible. Comment ne pas relier tout cela au mouvement psychique que Milie a elle-même mis en place, entre sa naissance physiologique et son entrée dans les relations, entre sa venue au monde et celle de mon fils et entre tous ces fils insaisissables tissés autour d'elle et avec elle ?

La vie, alors, vient nous faire un autre clin d'œil. La seconde petite sœur de Milie est en route...

Penser l'autre.

Accroupie à côté du matelas posé par terre, Milie s'est installée, aujourd'hui encore, dans une position qui me semble bien inconfortable. Les yeux perdus dans le vague, elle a pris quelques éléments de la dînette et tourne mollement la cuillère dans la petite assiette. Elle me paraît faire ce geste sans intention précise. Elle " tourne en rond ".

- Dis-moi Milie ! A quoi tu penses ?
Alors, elle réplique :
- C'est quoi, pense ?
La question que me renvoie Milie ne laisse plus aucun doute. Elle se relie et s'adresse à moi. Il n'y a aucune trace de crainte dans sa voix et même si ses yeux semblent toujours perdus, je sais qu'elle attend ma réponse. Je lui dis alors que chacun de nous sait et ressent des choses à l'intérieur de lui. Parfois, il ne les dit pas ; il les pense seulement. Je rajoute que je pense beaucoup à elle et que je me sens très heureuse qu'elle ait choisi de vivre, de sentir, de jouer et de parler.

La petite cuillère s'est arrêtée de tourner en rond. Milie me regarde, je crois, pour la première fois et annonce comme une affirmation sans faille :
- Mitèle pense Milie.

Elle a aligné ces trois petits mots si gravement que je me demande si elle ne vient pas d'expliciter fondamentalement le travail que mène le thérapeute auprès d'un enfant qui a tant d'hésitation à se mettre en vie. N'est-il pas en effet essentiel de " penser l'autre " quand celui-ci n'est pas encore un, entier, différencié, réellement autre.

Cet échange-là marque un autre moment important dans le dynamisme évolutif de Milie.

Pendant les années qui vont suivre, elle va me questionner inlassablement, s'appuyant sur ce que je peux exprimer de mes impressions, de mes émotions, de mes préoccupations, pour enfin découvrir et mettre en mots les siennes.

La greffe.

- Dis Mitèle, qu'est ce que tu penses ?

Milie emploie le verbe penser sous une forme toujours transitive. Elle ne me demande jamais " à quoi " je pense, comme si l'anecdotique ne lui importait pas. Ce qui semble l'intéresser, c'est de m'entendre être, penser, de connaître cet acte qu'elle ne fait pas encore sien. Elle emploie le verbe " penser " dans son sens le plus étymologique : peser, estimer, apprécier, évaluer... Je vérifie peu à peu que Milie, à peine sortie de son état d'isolement, sait d'emblée aller à l'essentiel. Elle m'apprend maintenant plus clairement que continuer à l'accompagner, c'est accepter d'aller aussi pour moi, vers l'essentiel.

Voilà qu'elle me sort alors de ma " rêverie ".

- Parle Mitèle ! Qu'est ce que tu penses ?

Le ton de Milie se fait insistant, comme sa question. Sa voix n'est plus hors d'elle. Elle la fait sienne, au moins pour la question qu'elle me pose et à laquelle je sens bien que je ne vais plus pouvoir me dérober.

- Je pense que tu es une petite fille de huit ans et demi qui pense et qui parle. Je ressens beaucoup de plaisir parce que tu es sortie de ta bulle.

Enchaînant ses mots aux miens, elle annonce :
- Tu penses, toi, Mitèle !
Puis un peu après, elle rajoute :
- Ta bulle, c'est fini. Le " pack ", c'est pas bien. Milie pense.

Milie reprend en écho l'expression " ta bulle ", confondant d'une certaine manière nos deux existences. Puis, comme elle l'a déjà fait et exprimé, elle relie son isolement (ta bulle) à l'expérience du " pack ". Enfin, après avoir associé son enfermement psychique à l'enveloppement de réalité, elle reprend à son propre compte, l'acte même de penser à propos duquel elle venait de m'interroger.

Il est important de noter qu'elle continue à se nommer à la troisième personne, marquant ainsi encore la distance qu'elle doit maintenir dans sa progressive mise en relation.

Quelque chose, dans le mouvement même de la psychothérapie semble s'inverser. Je ne suis plus dans l'effort ou dans le désir de sentir Milie exister. Je me sens plus légère. C'est comme si maintenant, les choses avançaient d'elles-mêmes.

Milie existe et désire. Bien sûr, elle le fait plutôt à la manière d'un tout petit enfant, mais j'ai maintenant la certitude qu'elle a mis " sa " vie dans la vie et qu'à travers les questions qu'elle me pose, c'est d'une certaine manière le monde qu'elle interroge !

La nouvelle respiration qui s'annonce dans ce travail va très vite se doubler d'un sentiment bizarre. Alors que Milie persiste à se montrer extrêmement vivante et en demande, je me sens à la fin de chaque séance totalement épuisée. Que se passe-t-il ? Milie s'accroche à moi comme si ma propre existence lui servait de " réserve " vitale, comme si elle se greffait sur mes sentiments, mes émotions, mon langage. Et cette greffe répète infatigablement :

- Parle, Mitèle ! Qu'est ce que tu penses ? Parle encore !

Alors, je raconte et je raconte encore son histoire, celle que je connais et puis aussi l'histoire du genre humain, l'envie de vivre, la peur face aux autres, le plaisir et la souffrance, la maladie...

Milie se tient toujours à une distance respectueuse. Elle ne paraît pas attentive à ce que je dis. Elle s'accroupit, se relève bruyamment, se gargarise de sons qu'elle émet avec son arrière gorge, et pourtant, elle entend tout, me posant insatiablement les questions essentielles sur la vie, la mort, les êtres humains.

La syntaxe de ses phrases évolue au fur et à mesure de sa propre maturation. En ce moment, alors qu'elle va avoir neuf ans, Milie se nomme encore par son prénom pour parler d'elle-même et n'emploie pas le " je ". Elle semble dans une phase de transition, hésitant encore à se situer dans une relation de face à face qui la positionnerait comme un interlocuteur à part entière.

Cette étape donne à son langage verbal une allure très particulière :

- Veut pas grandir... A peur de la mort... Aime pas les autres. Ils tapent... Pourquoi tu as peur ? Mitèle va faire pour plus avoir peur. Parle Mitèle, qu'est ce que tu penses ?

Milie explore son univers intérieur encore chaotique, le met en mots et tente de l'organiser. La fin de ses phrases est toujours scandée par le même leitmotiv :

- Mitèle, qu'est ce que tu penses ?

Trop d'exigences ?

En se découvrant, Milie découvre aussi sa sensibilité, sa fragilité, sa difficulté à partager le quotidien avec des enfants de son âge. Elle ressent tout cela avec d'autant plus d'acuité que, devant l'évolution dynamique qu'elle montre, l'équipe soignante, en accord avec ses parents, lui propose la fréquentation de lieux de socialisation multiples. Milie participe à temps partiel à une classe de perfectionnement, insérée dans l'école du quartier. Elle se rend régulièrement à la ludothèque, accompagnée d'une infirmière.

Ces différentes tentatives pour l'intégrer à des groupes d'enfants de son âge, qui ont une autonomie existentielle plus importante, la déstabilisent. Milie souffre. Son expérience nouvelle du monde lui renvoie une angoisse souvent massive :

- Les autres tapent. Pas gentils ! A peur, veux pas jouer, sais pas jouer.

Malgré ces douloureuses expériences, Milie ne me dira jamais qu'elle veut quitter l'école. Ne connaît-elle pas l'enjeu que représente cette scolarisation pour l'institution et ses parents ? Autour d'elle, chaque intervenant connaît la lourdeur de la pathologie autistique et ce projet de participer à remettre Milie dans la vie, au milieu des autres enfants de son âge, suscite chez chacun beaucoup d'investissement. Mais quel est le risque pour Milie, dans ce qui ressemble parfois de trop près à un pari ?

Sa vie sociale vient maintenant souvent occuper le terrain de sa psychothérapie :

- Madame C. est pas contente (Milie parle de son institutrice). Elle dit : " Milie travaille pas ". Sais pas faire. Trop difficile écrire, tenir le crayon. Ça fait mal au dos, être assis tout le temps.

Bien sûr, j'entends que le niveau d'exigences demandé à Milie se situe bien au-delà de ce qu'elle peut appréhender du monde en ce moment, mais j'entends aussi qu'elle vit une expérience irremplaçable et qu'elle vient en parler. En outre, sa proximité des autres enfants commence à lui faire percevoir sa

" différence ". Un jour, alors qu'elle fréquentait ce groupe scolaire depuis deux ans, je l'entends me dire :

- Les garçons font mal. Ils ont dit : " Milie est folle ". Dis Mitéle, comment elle s'appelle cette maladie ?

Milie sait qu'il s'agit de l'autisme. Ce terme a été employé plusieurs fois depuis qu'elle nous a redonné signe de vie. Bien sûr, ses parents connaissent maintenant le diagnostic, celui-là même que nous avions choisi de ne pas donner au moment de nos premières rencontres.

Ainsi Milie parle de sa maladie, de sa différence, mais elle parle aussi des garçons, ce qui suppose qu'elle a maintenant accès à une autre différence, celle des sexes.

Progressivement, son humeur se modifie. Même si elle pleure encore souvent, elle sait maintenant mettre des mots sur ses émotions et découvre le monde des sentiments :

- Tu sais, Caroline, elle est nulle, elle ( ) moque de moi. Elle dit " Milie pas belle ". Dis c'est quoi " belle " ? Pas belle Caroline !

Milie fait les questions et les réponses. Je suis là, d'abord comme le témoin de son existence et de son évolution. Car le sujet qu'elle commence à être, s'entrevoit entre les lignes. " Moi ", vient-elle de dire pour la première fois, au moment même où elle tente de mettre les autres à distance.

Je reste sans voix, devant la manière dont Milie sait transformer sa souffrance, et c'est bien ainsi.

Quel chemin parcouru ! Elle paraît si loin de l'enfant sans vie, sans regard, sans désir, et pourtant, tout est là encore, prenant forme de traces résistantes et repérables au premier coup d'œil.

Son histoire d'enfant absente est inscrite dans son corps qui a si peu grandi, dans son regard qui sait encore si vite devenir transparent, dans son langage qui " s'amuse " à tout mélanger, dans ses gestes dégagés qui ne font qu'effleurer les choses. Son histoire d'enfant absente est inscrite dans tout son être qui se souvient et parfois encore peut être, regrette...

Mais n'est-ce pas ainsi que chacun peut s'assurer de sa propre permanence ?

Une coquille de plâtre.

Milie a eu si peur de vivre, de s'ouvrir et de grandir, que l'axe qui la tient debout a, lui aussi, trouvé un compromis.

Milie s'est repliée sur elle-même et sa colonne vertébrale présente une scoliose grave. Elle ne peut accepter la rééducation qui lui serait nécessaire et le médecin ne voit pas d'autre issue que de la plâtrer. Elle portera donc jour et nuit une coquille de plâtre, la maintenant du bassin jusqu'au cou.

Les parents, les membres de l'équipe, tout le monde s'inquiète. Milie va-t-elle supporter cette contention ?

Toutes les explications lui sont données sur ce qui va lui arriver. Assez curieusement, Milie pose peu de questions et ne paraît pas angoissée. Est-ce parce qu'elle a entendu qu'elle serait plus jolie, qu'elle allait mieux grandir, qu'elle n'aurait plus mal au dos ? Ou bien, au contraire, parce ce que ce qui concerne son corps ne la concerne pas encore vraiment ?

Un matin de janvier 1987, Milie arrive dans sa " coquille ". Cela renforce, il me semble, son allure de " petite chose ". La démarche rendue encore plus raide par cet accoutrement, Milie affiche maintenant sa bizarrerie au regard de tous.

Et pourtant, bien qu'attirant l'attention de ceux qui la croisent, elle ne provoque plus tout à fait le même étonnement. C'est de son corset dont l'entourage lui parle, de ce qui s'est mis matériellement en écran entre elle et le monde. Ce n'est plus d'abord elle qui surprend, mais sa charge, son enveloppe extérieure, laissant ainsi supposer que ce qui est bizarre, ce n'est peut-être plus vraiment elle, mais la coquille de plâtre qu'elle porte.

Dans l'institution, comme au-dehors, les relations avec Milie se modifient. On entend moins : " quelle drôle d'enfant! " Et on entend plus souvent : " comme elle est courageuse de supporter ce corset sans se plaindre.! " Car Milie ne se plaint pas. Elle semble porter cette enveloppe de plâtre comme si elle faisait partie intégrante de son propre corps.

Ce qu'elle travaille au cours des séances de psychothérapie vient éclairer ce qui se passe. Milie s'est mise à plâtrer les poupées. Pour réaliser ce plâtre, elle prend, pièce par pièce, les morceaux de tissu qu'elle utilisait pour le " pack ". L'enveloppement est strictement identique à celui qu'elle pratiquait sur les poupées, il y a plusieurs mois. Elle lui donne maintenant le nom de " plâtre " au lieu de " pack ". Quelle analogie surprenante, dans la sonorité de ces deux mots !

Passant du " pack " au plâtre, d'une expérience à une autre, Milie prend appui sur la réalité qu'elle traverse, la transforme en lui donnant sens et en fait une étape nouvelle pour sa propre maturation.

Voilà que ce corset, qui aurait pu venir bouleverser son identité même, semble au contraire consolider le sentiment naissant d'avoir un corps, un corps dont elle ressent constamment les limites, un corps dont les autres lui parlent.

Les mois passent et je me demande si cette coquille de plâtre, qui ne la quitte ni le jour ni la nuit, n'est pas en train de devenir son alliée. Lorsque Milie ne veut pas se promener avec les autres, c'est parce que son corset est trop pesant, lorsqu'elle refuse de travailler, c'est qu'il lui fait mal, lorsque les gens la remarquent dans la rue, c'est encore à cause de lui !

Brave corset qui nous ferait oublier que c'est Milie, elle-même qui ne tient pas debout et pas seulement sa colonne vertébrale !

Méchante Michèle !

C'est à l'occasion d'un séjour de rupture chez M. et Mme R., une famille bretonne, que Milie va nous montrer sa souffrance à la séparation.

Ce séjour avait été pensé par ses parents et nous-mêmes comme une occasion de vivre d'autres expériences dans un milieu favorable. Rien ne se passa comme nous l'avions imaginé.

A douze ans, envahie par un sentiment nouveau, Milie découvre l'usage du téléphone et chaque jour demande à Christine, la jeune mère de famille qui l'accueille, de composer le numéro de téléphone de ses parents. Elle les supplie alors de venir la chercher, disant qu'elle n'est pas bien et qu'elle veut revenir à la maison. Milie pleure beaucoup. Chacun s'inquiète, la sentant profondément triste. Elle refuse tout contact avec les adultes et les enfants, petits et grands. Elle semble attendre que le temps passe. Elle refuse tout plaisir et réclame sans cesse de repartir chez elle. Le séjour de rupture de quinze jours est très long pour tout le monde. A son retour, la tristesse se transforme en agressivité :

- Méchante Michèle !

Pour la première fois, Milie prononce mon prénom sans le déformer. En sachant dire " méchante ", elle vient de s'apercevoir, en même temps que moi, je crois, qu'elle sait aussi dire " Michèle ". Mais ne faut-il pas mettre l'autre à distance pour lui adresser la parole ?

Et comme je lui demande de me dire ce qu'elle ressent, elle me répond :

- A beaucoup pleuré sans papa et maman. Tu dois pas laisser partir Milie ! Méchante Michèle !

Milie découvre la souffrance d'avoir été séparée, mais elle parvient maintenant à exprimer les sentiments qui l'envahissent. Je lui parle alors de sa première séparation d'avec ses parents au moment de son hospitalisation en pédiatrie, à l'âge de neuf mois, de l'angoisse et de la colère qu'elle n'avait pas pu montrer.

Après un long temps de silence où je peux imaginer qu'elle se perd, Milie commence un long monologue :

- C'est quoi l'angoisse Michèle ? Ils **m**'ont laissé dans le lit du " pack ". Faut pas pleurer. Les bébés, c'est trop petit pour dire... Tu vas **m**'aider, Michèle, avoir moins peur. La famille R., c'est pas bien parce que faut faire des choses, mettre la table, tout ça. Veux plus partir, pense toujours à maman, **moi** !

Milie semble se perdre, mais très vite se retrouve. La manière dont elle relie les mots et les idées évoque encore plus souvent la juxtaposition que la mise en relation, exprimant ainsi ce qui en elle, est encore inorganisé. Mais, ce désordre là, Milie le ponctue de sens, associant les expériences anciennes aux plus récentes.

Que l'on s'attache à la forme ou au contenu de ce qu'elle exprime, tout permet de penser qu'elle devient enfin, le sujet de son histoire.

Une vedette.

Se sentir être " moi ", découvrir son propre sentiment d'existence, oser mettre des mots sur ce que l'on pense et ce que l'on ressent, c'est une expérience ordinaire pour un enfant de deux ans. Cela ne l'est pas du tout pour Milie qui va bientôt en avoir treize.

Je fais taire mes vieux réflexes de psychologue qui me feraient trop vite comparer un âge mental à un âge réel et mettrait en évidence un quotient intellectuel des plus déprimants !

Milie sait qu'elle est vivante et a une envie de rencontrer les autres qui la fait tout bousculer sur son passage. Partout, de la salle d'attente à la salle de psychothérapie, de la maison à son groupe d'hospitalisation, partout, Milie assaille les gens qu'elle croise, de questions multiples et insistantes.

Elle n'a plus aucune retenue et n'abandonne jamais son interrogatoire tant qu'elle n'a pas les réponses attendues. Elle interpelle les gens sur leur choix de vie, leur âge, leur situation. Elle semble mener une enquête exhaustive sur ce que c'est que vivre :

- Dis, t'es marié ? Comment elle s'appelle ta femme ?
- T'as quel âge ? Pourquoi t'as mis cette robe ? Pas belle !
- T'as un garçon, toi ? Il est malade ?
- Pourquoi tu travailles ? Ma maman, elle est chez moi !
- Elle a quel âge ta fille ? Elle va à l'école ? Pourquoi elle parle pas ?

Les questions que pose Milie ne sont pas toujours favorablement accueillies. Elles prennent souvent une allure provocante et vont toucher chacun dans son intimité.

La plupart des soignants comprennent l'intérêt nouveau de Milie pour tout ce qui est vivant, mais d'autres sont agacés. Au dehors, on la regarde, on s'étonne. Son comportement désordonné et trop familier, entrecoupé de fous rires intenses, renvoie à la folie.

Pendant le temps de la psychothérapie, Milie me montre sans cesse son besoin d'être regardée, entendue pour se sentir exister. Elle prend aussi progressivement conscience du rejet qu'elle entraîne, mais ne peut freiner ses manifestations.

Ce qu'elle a si longtemps retenu semble s'évader de tous les pores de sa peau. En sortant d'une séance où elle s'est montrée particulièrement démonstrative, je m'entends lui dire :

- Milie, tu es une vedette !

Et comme il est important que les symptômes soient entendus et respectés, nous avons commencé à travailler ensemble sur la manière dont elle pourrait être encore mieux entendue et reconnue afin de devenir une vraie vedette.

La réalité ne tarda pas à nous faire une proposition.

L'interview.

- Quand il arrive, Alain?

Milie trépigne sur place. Elle attend Alain, qui doit enregistrer en vidéo une partie de la séance.

L'A.E.P.I (Association des Equipes de Psychiatrie Infantile) vient de me solliciter pour venir faire part de mon travail auprès des enfants autistes.

J'ai alors demandé à Milie si elle imaginait qu'elle pourrait dire quelques mots au cours de cette conférence. Elle m'a d'abord renvoyé un " non " catégorique, puis m'a reposé cent fois la question de ce que j'allais pouvoir raconter.

Un jour où j'évoquais, une fois de plus à sa demande, quelques bribes du contenu de mon intervention prochaine, je l'entendis me dire :

- C'est pas toi qui peux parler de cette maladie !

Comme j'étais d'accord ! Mais comment lui donner la parole devant deux cents personnes, sans l'insécuriser complètement ? Il me vient alors l'idée que nous pouvons pratiquer un enregistrement vidéo. Milie accueille ma proposition avec un plaisir et une peur mélangés.

L'arrivée d'Alain qu'elle avait déjà rencontré plusieurs fois, ainsi que la présence de la caméra provoquent chez Milie une grande excitation. Il faudra une dizaine de minutes et l'art d'entrer en communication d'Alain pour faire baisser cette tension.

J'ai rapporté ici le contenu quasiment intégral de la cassette qui a été présentée lors de ma communication à La Rochelle, en 1990. J'avais choisi de lui donner pour titre, " Miliebulle ".

Moi : Tu as accepté aujourd'hui de parler de toi et de tout le chemin que tu as fait depuis que tu es toute petite. Cette communication-là, tu te souviens comment j'ai eu envie de l'appeler ?

Elle : Me rappelle plus... " Bulle "

Moi : Oui, " Miliebulle ". Est-ce que tu as une idée de pourquoi je l'ai appelée " Miliebulle " ?

Elle : Parce que c'est un joli nom !

Moi : Moi, je l'ai appelée " Miliebulle ". parce que quand je te connaissais…

Elle : J'étais dans la petite bulle, comme si tu voyais, entendais pas la musique, devant toi. Qu'est-ce que c'est la peur ? Si tu touchais, tellement peur!

Milie emploie le " tu " pour le " je ", un peu comme si sa propre expérience était aussi la mienne. La confusion des pronoms, donc des sujets, ne renvoie-t-elle pas exactement à la confusion même dans laquelle elle se trouvait au moment du " pack " ? L'emploi du " tu " pour le " je " n'est-il pas l'expression la plus juste de sa quête d'identité, à ce moment-là de son histoire et de son travail laborieux de greffon ?

Moi : Est-ce que tu peux dire cela, mieux ? Tu veux dire que quand tu étais petite ?

Elle : Oui !

Moi : Tu étais comme dans une bulle, raconte-moi comment c'était, comment tu te souviens.

Elle : Comme ça, comme si j'étais, comme ça, froid !

Milie se recroqueville alors sur elle-même en faisant mine de trembler.

Moi : Oui. Est-ce qu'il y a des choses qui t'intéressaient vraiment ou pas?

Elle : Non, c'était le " pack " qui fait peur, comme ça, très fort. Comme ça, comme si personne me touchait !

Moi : Le " pack " ? Ça faisait comment le " pack " ?

Elle : Ça me faisait peur !

Moi : Ça te faisait peur ?

Elle : Oui !

Milie semble assimiler son expérience d'isolement au support imposé du " pack ", qui peut alors jouer le rôle de " mauvais objet ".

Moi : Ça faisait comme dans ta bulle ?

Elle : Oui !

Moi : Oui, tu sais comment elle s'appelle ta maladie, on en a déjà parlé. Tu te rappelles le nom de cette maladie ?

Elle : Non. Rappelle plus.

Moi : Oh !

Elle : L'autiste !

Moi : Est-ce que tu penses que tu es vraiment complètement sortie de ta bulle maintenant ?

Elle : Oui !

Moi : Tu es sûre de ça ?

Elle : Oui !

Moi : Il n'y a pas des moments où tu y es encore un petit peu ?

Elle : Si !

Moi : Oui, à quels moments tu y es encore un peu ?

Elle : Un p'tit peu tous les jours, pas souvent, et ni samedi, ni dimanche......

De nouveau Milie utilise le même mécanisme que précédemment. Elle semble projeter sa maladie sur l'institution qu'elle fréquente pendant la semaine, en précisant qu'elle n'est plus dans sa bulle ni le samedi ni le dimanche. A noter qu'elle appelle sa maladie, l'autiste, et non l'autisme. Peut-être ne s'est-elle pas vraiment trompée, je lui demande si souvent de parler d'elle !

Moi : Le souvenir que tu as du " pack "... Comment c'était pour toi le " pack " ?

Elle : On avait mis dans la baignoire. On s'est mis dans le lit, et puis euh... On avait froid et puis Anne (la soignante qui travaillait avec moi au moment de l'enveloppement) et Michèle (moi-même) il m'a aidé faire le lit pour que y trouver bien, avec la couverture et puis après, qu'on avait froid, et puis tu m'avais aidé à avoir moins peur.

L'emploi que Milie fait du " on " vient confirmer l'absence d'identité séparée dans laquelle elle vivait alors.

Moi : Oui, est-ce que toi, tu as des souvenirs de comment c'était dans ta bulle ?

Elle : J'avais senti que... Moi j'avais dit les gens apprendre à connaître Milie, dire. Est-ce qu'on pourrait en parler ? Ça, ça serait bien un temps, non ?

Milie vient brusquement de se souvenir de la présence de la caméra et du projet de cette interview. Alors, elle abandonne mes questions et suit l'idée qui s'impose à elle. Cette manière d'être au monde, habituelle chez elle, participe considérablement à son allure bizarre.

Moi : Oui, et est-ce que tu pourrais leur expliquer aux gens, là, comment c'était dans ta bulle pour toi ? C'était bien ou c'était pas bien ?

Elle : Les bulles quand t'avais dit, dans les bulles, faut pas avoir peur. Faut se reconnaître Michèle, Michèle va pas te faire peur. Elle va comprendre, dire que Milie elle va parler, des trucs comme ça... Quand j'étais dans ma couverture, je vois rien, ça me fait penser comme si j'étais morte, comme si c'était la mort, comme ça... Ça me rappelle la thérapie à toi.

Moi : Oui, tu veux dire que tu pensais à la mort quand tu étais dans le " pack ".

Elle : Eh oui, et toi, est-ce que tu pensais des choses de moi ?

Moi : Moi, je suis un petit peu d'accord avec toi, je pense que quand tu étais dans le " pack ", c'était un petit peu, comme quand t'étais morte.

Cette fois, c'est à mon tour d'être confuse. Pourquoi ai-je employé ces mots là : " comme quand t'étais morte ? " Pourtant, je les ai dits. Il ne me reste plus qu'à les assumer et à les reconnaître comme porteurs d'un sens aussi juste que lorsque c'est Milie qui s'exprime. Après tout, n'ai-je pas eu le sentiment que Milie était morte ?

Elle : " Alors, parle, Milie, alors parle, dis des choses Milie ! " Elle faisait ça (Milie fait " non " de la tête). Alors dis-toi bien une chose Michèle, c'est moi j'ai pas appris à parler, tu sais pourquoi ? J'étais dans ma bulle, c'était un petit peu ça, j'avais peur sur toi ! (Milie montre ce qu'elle faisait, il y a quelques années. Elle se met à mordre les objets qui sont autour d'elle, puis elle s'assied par terre, le regard dans le vague...)

Moi : Tu es un petit peu sortie de ta bulle, c'est vrai, puisqu'on peut parler toutes les deux, mais il y a encore des choses qui sont difficiles pour toi.

Elle : Est-ce que tu te rappelles comment je parlais pas ?

Moi : Oui, je me rappelle comment tu parlais pas... Quel âge tu as maintenant Milie ?

Elle : Treize ans, j'ai treize ans!

Moi : C'était bien pour toi, d'aller à la ferme ?

Elle : Non, ça m'aidait pas.

Moi : Ah bon ? Pourquoi tu penses que ça t'aidait pas ?

Elle : Parce que j'avais pas envie de jouer. Et puis j'avais peur, j'avais peur, je le sais, vraiment de tout mon cœur. Et toi, tu penses à quoi Michèle ?

Moi : Tu avais peur à la ferme du Pin ! Tu avais peur de quoi ?

Elle : D'avoir à jouer avec les autres enfants. C'était un petit peu nouveau. J'ai pas trop aimé, maintenant je suis ravie de voir quelqu'un parler sur moi. J'aime bien ça. Pas autre chose. T'as compris Michèle ? C'est quoi que tu pensais ?

Encore une fois Milie nomme comme étant mauvais, les lieux ou les expériences qui l'ont mise en difficulté. La ferme n'était pas un bon lieu parce qu'il fallait " jouer avec les autres enfants ". Elle rajoute qu'elle est ravie de savoir qu'on va parler d'elle. Cela vient confirmer la manière familière et démonstrative avec laquelle, en ce moment, elle tente démesurément de montrer son existence.

Moi : Oh moi, je suis ravie de t'entendre parler comme ça.

....

Elle : J'avais pensé la mort toute petite.

Moi : T'avais pensé à la mort ?

Elle : Oui, ça aurait pu passer comme ça (elle ferme les yeux), comme si j'étais un petit peu dans la pièce, passer un temps...

Moi : Comme si tu étais un peu morte. Tu as raison, c'est un peu ça l'autisme, c'est d'être un petit peu mort.

Elle : Oui !

Moi : Tu te souviens quand tu parlais pas ?

Elle : Ah oui !

Moi : Et tes yeux, tes oreilles ?

Elle : J'entendais pas.

Moi : Tu n'entendais pas ! Tu es sûre ?

Elle : Oui !

Moi : Qu'est-ce que tu entendais ?

Elle : Personne !

Moi : Qu'est ce que tu voyais ?

Elle : Rien du tout ! C'était… Les yeux sont craqués ! Y a pas de dents, ça dit rien : " a, non, oui, non, oui… "

Milie m'apprend avec ses propres mots ce qu'elle a gardé des " cauchemars " de son isolement. Elle emploie le terme " craqués " pour parler de ses yeux, mot qu'on emploie bien plus habituellement pour parler d'un objet, d'un tissu…

Elle continue à parler d'elle à la troisième personne, parfois même en employant le terme " ça ". Elle parle en effet d'une époque où son état d'indifférenciation l'empêchait d'exister comme " sujet ".

Au moment ou Milie exprime qu'il n'y avait pas de dents, s'impose à moi l'image de cette petite fille appliquant sa mâchoire supérieure sur les objets se trouvant à sa hauteur. Et s'il n'y avait pas de dents, y avait-il des mâchoires pour tenir les dents et un corps pour tenir les mâchoires ? Rappelons que cette forme de découverte du monde par la bouche a constitué une de ses activités favorites pendant de nombreux mois, voire plusieurs années

Moi : Tu te souviens du son que tu faisais ?

Elle : Oui !

Moi : Comment tu faisais ?

Elle : Oui... " O… O… O… " C'est ça ?

Moi : Je ne crois pas.

Elle : Non, c'est quoi ? Je m' rappelle plus.

Moi : Non, c'était… D'abord, tu ne regardais personne.

Elle : (Se mettant à regarder ailleurs, elle cherche à retrouver le son qu'elle émettait.) " A'dâa... "

Moi : Oui, quelque chose comme ça.

Elle : Oui et puis quoi encore ?

Moi : Je ne me souviens pas et puis, je ne t'ai pas enregistrée à ce moment là.

Elle : Pourquoi ?

Moi : Je n'y ai pas pensé.

Elle : Et toi, est-ce que t'as des choses à dire encore ?

Moi : Oh oui, j'en ai plein de choses à dire ! Quand tu étais dans ton " pack ", moi j'attendais un bébé.

Je ne me rends pas compte de l'erreur monumentale que je suis en train de commettre. Bien sûr, je n'ai été enceinte qu'après que le " pack " soit terminé. Je suis en train de parler de mon désir d'enfant et non pas d'un état de réalité !

" J'attendais un bébé. " En disant cela à Milie, de quel enfant suis-je donc en train de lui parler ?

Ce qui se passe alors, entre Milie et moi, ne s'embarrasse guère du conscient ou de la réalité. Des messages inconscients vont et viennent et Milie les reconnaît plus rapidement que moi.

Moi : Tu te souviens ?

Elle : Oui, oui, je me souviens !

Moi : Et tu te souviens de ce que tu pensais de ce bébé qui était dans mon ventre ?

Elle : Oui, c'est Milie.

Moi : C'était toi ?

Elle : Oui, et toi qu'est ce que tu pensais ?

Moi : Pour moi, c'était clair que c'était pas toi. Mais, toi, toi tu te sentais comme dans un ventre, alors tu pouvais penser que tu étais dans le mien... Tu as envie de vivre maintenant ?

Elle : J'ai envie de vivre.

Moi : Pourquoi tu as envie de vivre ?

Elle : Parce que je veux grandir, comme les autres enfants !

Moi : Tu crois que tu es comme les autres enfants ?

Elle : Oui !

Moi : Tout à fait comme les autres, Milie ?

Elle : Oui !

Moi : Regarde-moi Milie.. Tu as envie d'être comme les autres.

Elle : Oui !

Moi : Qu'est ce que tu fais comme les autres ?

Elle : Je travaille !

Moi : Où ça ?

Elle : A " Emile Zola " (Classe de perfectionnement où elle est scolarisée à temps partiel). Qu'est ce qu'elle t'a dit **ta** maman encore ?

Milie emploie " ta " maman alors qu'elle veut dire " ma " maman. Son langage reste ainsi marqué des traces de son histoire confuse.

Moi : Ta maman, tu dis que c'est ma maman ?

Elle : Non, **ton** papa !

Moi : **Mon** papa ?

Elle : Non, **mon** papa à moi !

Moi : **Ton** papa à toi ?

Elle : Oui !

Moi : C'est pas **le mien**, hein !

Elle : Non, **mes** parents. Qu'est ce qu'ils **t'**ont dit à **toi** ?

Moi : Oui, je te vois régulièrement et je vois aussi tes parents avec Madame C.. Ce n'est pas trop mélangé tout ça ! Je vois tes parents, parce que tes parents ont besoin de parler d'eux et je te vois, parce que tu as besoin de travailler avec moi.

Elle : On va en parler tous les ans de ça, du " pack " ?

Moi : On peut passer à autre chose... Tu dis beaucoup que maintenant tu es comme les autres. Tu sais que moi, je ne suis pas d'accord avec ça !

Elle : Ah non, t'es pas d'accord ?

Moi : Je crois qu'il y a des choses pour lesquelles tu es comme les autres, je vois surtout que tu as envie d'être comme les autres, mais je crois que tu n'es pas encore comme les autres.

Elle : Et tac ! (Elle me fait un bras d'honneur.)

Moi : Pourquoi tu dis : " Et tac ! "

Elle : Parce que je veux être comme les autres !

Moi : Tu veux être comme les autres, alors je t'embête !

Elle : Non ! Je dis autre chose.

Moi : Non, parce que tu es polie, c'est pour ça que tu ne me le dis pas, mais en fait, tu le penses.

Elle : Oui !

Moi : Et moi, je te redis que je pense que tu n'es pas comme les autres. Je ne le pense pas, j'en suis sûre !

Elle : Moi, je pense, moi, c'est pas pareil !

Milie ose se poser, s'opposer et se différencier, une première fois, en me faisant un bras d'honneur, une seconde fois en utilisant le langage et en m'affirmant qu'elle aussi pense et qu'elle ne pense pas comme moi.

Moi : Je crois que tu veux être comme les autres, Milie, mais je sais que tu n'es pas comme les autres, pas encore. Tu ne sais pas trouver au fond de toi ce qui est différent ?

Elle : Non... Pas sûr.

Moi : Tu n'as pas une petite idée de ce qui n'est pas tout à fait comme les autres ?

Elle : Quoi ? De jouer.

Moi : Est-ce que tu joues comme les autres ?

Elle : Non...

Moi : A quoi tu ne sais pas jouer ?

Elle : Au ballon !

Moi : Tu ne sais pas jouer au ballon ?

Elle : Et puis c'est tout !

Moi : C'est tout ? Tout le reste, c'est comme les autres ?

Elle : Oui !

Moi : Tu parles comme les autres ?

Elle : Oui !

Moi : Tu penses comme les autres ?

Elle : Oui ! Moi, j'aime pas parler de ça, moi !

Milie se montre là, capable d'une négociation ajustée à propos de ses difficultés actuelles. Elle a ensuite accès à une forme de communication tout à fait subtile, puisqu'elle peut ressentir et exprimer qu'elle n'aime pas continuer à parler de ce qui touche à sa maladie et donc aussi à ses peurs.

....

Moi : Est-ce que c'est possible de dire là, ce qui est encore difficile pour toi ?

Elle : Travailler ; de voir la ferme...

Moi : C'est à dire, de voir quand tu étais encore aussi malade. De parler de cela, c'est difficile ?

Elle : " Au revoir, partir, au revoir ! " J'osais pas dire ça, moi !

Moi : Tu n'osais pas dire ça ?

Elle : Non !

Moi : Pourquoi ?

Elle : J'avais peur encore un petit peu !

Moi : Tu avais peur de quoi ?

Elle : De parler. Je parlais juste un petit peu, mais pas dans les magasins : " Milie, on y va... "

Moi : Est-ce que tu la sens encore un petit peu cette peur-là de rencontrer les autres ?

Elle : Non... Si... Un petit peu...

Extraordinaire enfant qui se remet au travail, après avoir repris son souffle, et qui, pas à pas, reconnaît ce qui la gène, la dérange encore " un petit peu " ! Laborieuse petite fourmi !

Mais tous les êtres vivants n'avancent-ils pas ainsi naturellement, dans leur processus " d'auto réparation ", si peu qu'ils y soient patiemment et respectueusement accompagnés ?

Gaie
Rie
Guérie
L'enfant
Que je suis
Ne sait pas vraiment
Si elle est guérie. Elle s'est seulement
Plantée dans le temps, plantée dans la vie.
L'enfant d'avant l'enfant n'a fait que retrouver
Sa terre fécondante, son désir d'exister,
Tout à côté du mal d'aimer, de se relier.
N'approchez pas trop vite, Il faut que je récite
Les paroles magiques qui éloignent le risque,
Et que je puise dans mes racines découvertes,
La sève verte, la sève verte,
la sève verte, la sève
verte, la sève
verte, la sève
verte, la sève
verte, la sève
verte, la sève verte, la sève verte.

```
        g    g    g    g
     u     u     u       u
   é     é       é         é
   r     r         r         r
  i        i         i         i
 e        e           e          e
?         ?           ?           ?
```

Deuxième partie

Quitter l'enfance
ou
Un nécessaire détour pour continuer à avancer

Nous sommes en septembre 1994. Milie aura dix-huit ans dans quatre mois et Mme le Dr C., médecin-chef du service de pédopsychiatrie, a plusieurs fois évoqué avec M. et Mme M. le départ nécessaire de leur fille qui devient une jeune adulte.

Milie fréquente à temps partiel l'I.M.E (Institut Médico Educatif) depuis deux années. Elle y fait des activités diverses (repassage, poterie, cuisine, etc.) qui constituent des supports au projet éducatif global.

Elle est encore présente dans le service trois demi-journées par semaine. Là, elle a un accompagnement individuel et groupal dans le cadre d'un " espace psychopédagogique ", avec le support des cours du C.N.E.D (Centre National d'Enseignement à Distance). Elle bénéficie, en outre, d'un temps court dans un groupe dit de " socialisation " de cinq enfants de dix à dix-huit ans. Enfin, la psychothérapie individuelle se poursuit à raison d'une fois par semaine.

Rappelons que Milie fréquente le service de pédopsychiatrie depuis septembre 1981 et que la confiance qu'ont mis M. et Mme M. dans les différents thérapeutes a permis un travail en lien cohérent.

Ces quatorze années ont bien sûr, été traversées de réajustements nécessaires entre parents, soignants, et enfant, mais nous abordons là, à la veille de ses dix-huit ans, un autre moment qui va constituer une véritable période de crise, liée à son départ de l'institution.

Milie, ses parents, ses sœurs ont à anticiper un deuil et nous allons devoir les accompagner, nous et d'autres, dans cette séparation nécessaire. Ce deuil est d'autant plus difficile à vivre qu'il entraîne Milie et ses parents dans une autre perte, celle de l'enfance. Comment en effet accepter d'avoir l'âge d'une adulte, alors que tout en elle parle encore de cette vie toute neuve, découverte, il y a si peu de temps !

Qui plus est, M. et Mme M. savent aussi bien que nous, que les structures adaptées pour des adultes ayant des troubles autistiques sont très peu nombreuses, parfois même, quasiment inexistantes.

Quitter le service de pédopsychiatrie contient tout cela. Nous le savons et ressentons la crainte grandissante de la famille de Milie. Elle, va partir. Que vont-ils, eux-mêmes devenir ?

L'association " Autisme France " qui les amène à rencontrer d'autres parents va-t-elle leur permettre de faire un bout de chemin, de mieux sentir ce qu'ils désirent et ce qu'ils ne désirent pas ? Comment vont-ils parvenir à se sentir moins seuls, tout en commençant à se détacher des thérapeutes qui avaient pris tant de place dans leur vie ?

Milie, elle, commence à pouvoir me dire que ce service ne lui plaît plus.

- C'est mieux à l'I.M.E., là-bas je fais des choses intéressantes. Ici, avec tous ces enfants malades, je ne suis plus à ma place.

Elle essaie probablement de s'en convaincre et utilise les mécanismes que nous connaissons bien nous-mêmes pour tenter de partir sans souffrir.

- Dis Michèle ? Faut pas rester dans ce service, ils sont tous fous ces enfants ! Faut s'en aller, moi je suis grande, faut faire autre chose de sa vie. T'as vu Pascale, elle crie sans arrêt et puis Eric, il me fait mal. Et puis, c'est plus du tout un bon endroit pour moi.

Milie tente désespérément de trouver " mauvais " pour elle-même ce qu'elle sait devoir quitter. Le travail est commencé. Elle semble accéder à une sorte de crise d'adolescence, qui se joue non pas à l'égard de ses liens familiaux, trop importants pour sa sécurité, voire sa survie, mais à l'égard de l'institution.

Elle se met alors à rejouer dans les lieux qu'elle fréquente, ce qu'elle travaille dans le cadre de la psychothérapie, renvoyant certains soignants à de grands sentiments d'incapacité ou parfois de culpabilité. " J'ai l'impression de tout rater avec elle ", exprime un jour un des infirmiers du service. " Nous devrions la garder un peu plus longtemps ", dira un autre.

Dans l'institution, les avis des uns et des autres divergent. Mme le Dr C. tient bon. Milie partira peu après ses dix-huit ans. La psychothérapie se maintiendra dans un autre lieu..

Nous avons beaucoup échangé en équipe sur l'intérêt pour Milie de poursuivre ou de cesser le travail qu'elle mène avec moi. Cela fait maintenant quinze ans que je l'accompagne sur ce chemin si original qui est le sien et je ne parviens pas encore à imaginer une fin !

Mais revenons plus précisément à ce qu'elle élabore actuellement dans ce lieu de la psychothérapie.

Pendant plusieurs semaines, Milie s'affaire à disqualifier tout ce qui l'entoure. Je reste seule à l'abri de ses critiques. Cette impossibilité de me mettre à distance qui trouve son écho dans ma difficulté à envisager la fin de nos " rencontres " ne parle-t-elle pas de la construction toute nouvelle de son identité, greffée à la mienne ?

Elle se met à repérer tout ce qui ne lui convient plus dans la panoplie de soins qui lui sont proposés. Rien ne va plus, qu'il s'agisse des lieux, des activités ou des personnes. L'institution entière est le lieu de projections négatives qui lui permettent de tenter sa propre mise à distance et d'accéder peut-être à une autre naissance, celle de son être d'âge adulte, naissance décalée, comme l'était, d'une certaine manière, la première.

De séances en séances, fidèle à elle-même, Milie déploie une énergie sans nom à réussir son départ et à préparer son entrée dans un autre univers.

Mais chaque fois que nous accédons à quelque chose de nouveau, vient se mettre en place aussi la nécessité de faire un " retour aux sources ". Nous tentons là une réassurance de la permanence de notre personne. Plus nous " avançons " et plus il nous est nécessaire de vérifier que nous existons encore comme avant. Ceci est d'autant plus respectable dans l'évolution de Milie que celle-ci a à s'assurer en permanence qu'elle ne perdra rien d'elle-même si elle s'autorise à changer.

La préparation d'un retour aux sources.

Voilà comment elle a habilement mené son " retour aux sources ", quelques mois seulement avant sont départ définitif du service de pédopsychiatrie.

Au cours d'une séance.

Elle : Dis Michèle, c'était quoi ma maladie ? Comment c'était quand je parlais pas ?

Moi : Comment c'était pour qui, Milie, pour tes parents, pour toi, pour moi, pour d'autres ?

Elle : Non, comment ça me faisait à moi ? Dis-moi pourquoi je parlais pas ?

Moi : Est-ce que les idées sur toi, ce n'est pas plutôt toi qui les as, que moi ?

Elle : Moi je sais pas trouver toute seule...

Moi : Moi, je sais que tu as des idées !

Elle : Oui, ce service, il est plus bien pour moi, je suis plus malade comme eux, et puis les infirmiers, ils sont pas gentils avec moi...

Moi, j'ai pas envie de grandir, ils veulent me mettre au C.A.T. (Centre d'Aide par le Travail), moi je veux pas travailler. Pourquoi il faut travailler quand on est grand ? Moi j'ai pas besoin d'argent pour vivre. J'aime pas manger, j'aime pas sortir...

Milie me fait remarquer qu'elle vit petitement, à l'économie et qu'en effet pour elle, les motivations à s'engager dans une vie professionnelle sont quasiment inexistantes. Elle vit chez ses parents et n'imagine pas autre chose.

A quoi lui servirait-il de gagner de l'argent sinon à lui donner une autonomie dont elle ne veut pas, qui mettrait encore un peu plus en danger son sentiment de sécurité intérieure très reliée encore à son ancrage familial.

Et puis, penser à moins dépendre de sa famille, lorsqu'il faut aussi quitter l'institution présente dans sa vie depuis quinze ans, c'est bien douloureux ! Devant ce qui pourrait constituer une succession de deuils ingérables, n'est-ce pas plus simple pour Milie de déclarer qu'elle n'a pas envie de grandir ?

Au cours d'une autre séance.

Elle : J'ai eu une idée Michèle ! Je veux retrouver comment c'était quand je parlais pas ! Je veux savoir, je veux revoir Dominique et Serge.

Les séances qui commencent ainsi me remplissent de plaisir et en même temps de crainte, les idées de Milie étant souvent loin d'être en prise avec des réalités tangibles. Rappelons qu'elle est partie chez Dominique et Serge T. (domiciliés dans le sud de la France, très loin du lieu d'hospitalisation) pour un accueil en séjours de rupture. Ils ont été au nombre de six, s'étalant sur un laps de temps de deux ans. Chaque séjour a duré trois semaines en continu. Milie avait alors entre quatre et six ans.

Moi : Pourquoi veux-tu revoir Dominique et Serge ? Que veux-tu savoir vraiment ?

Elle : Je veux les voir, savoir comment ils vont. J'ai laissé des cartes postales sur ma table de nuit. Il faut que j'aille les chercher... Je les veux. Je les ai pas prises en partant...

Milie me laisse quasiment sidérée. Elle sait maintenant trouver les arguments qui pourraient me convaincre. Elle ira jusqu'à me décrire les cartes postales oubliées, il y a treize ans de cela ; elle n'était qu'une toute petite fille dont les troubles autistiques étaient indéniables...

Elle : Tu crois qu'ils les ont gardées ? Oui, ils les ont gardées. Je les veux. On va y aller. Appelle-les, dis-leur de me rendre les cartes postales. On s'en va demain.

Je me sens soudain très agacée par la pression qu'exerce Milie à mon égard, au point que je ne trouve plus d'espace pour continuer à penser. C'est à son tour d'envahir ma " bulle ", et le seul moyen que je trouve pour me préserver et pour retrouver ma sécurité intérieure est de garder le silence. Alors me reviennent des images de la petite Milie. Je la revoie, quelques années auparavant, me tirant le bras pour aller là où elle avait envie d'aller, pour m'amener à faire ce qu'elle avait envie que je fasse. Les choses ont-elles vraiment changé ?

Je lui formule alors qu'elle n'écoute que son désir et n'entend pas où peuvent en être les autres.

Elle : C'est qui les autres ? Tu crois que Dominique et Serge veulent pas me revoir ?

Moi : Je ne sais pas... Et tu ne sais pas non plus.

Quelques séances plus tard...

Elle : Je veux téléphoner à Dominique et Serge... Le numéro est dans mon dossier. Tu viens, on va le chercher ! Allez, viens, la secrétaire, elle te le donnera à toi !

Moi : Que veux-tu leur demander ?

Elle : S'ils ont mes cartes postales... Je leur demanderai aussi comment ils vont, et si on peut aller les voir.

Milie me semble avoir un peu mûri son projet. Aujourd'hui elle ne parle plus seulement de son propre désir, mais peut aussi imaginer le désir de l'autre.

Je vais donc chercher avec elle le numéro de téléphone dans son dossier. Bien que ne sachant pas utiliser les mécanismes de la lecture, elle participe à cette recherche, reconnaissant peut-être les écritures de chacun. C'est dans une grande excitation où se mêlent le plaisir et la crainte qu'elle me demande de composer le numéro tant attendu. Et brusquement, le temps et l'espace disparaissent. Dominique est là et m'écoute. Je me présente, lui parle rapidement de Milie. Je suis immédiatement rassurée. Dominique n'a rien oublié et, avec un plaisir qu'elle ne dissimule pas, demande à lui parler.

Dominique : Bonjour Milie !

Elle : Oh, c'est toi Dominique, je te reconnais, je suis contente !

Dominique : Tu vas bien ?

Elle : Oui, et toi ? Et Serge et les filles ? Il fait beau là-bas ?

Dominique : Nous allons bien. Qu'est ce que tu deviens Milie? Je t'entends parler et je suis surprise !

Elle : Ça va, j'ai besoin de te voir, toi et Serge.

Dominique : Mais tu peux venir Milie. Nous serons heureux de te rencontrer. Nos filles n'habitent plus avec nous maintenant, elles sont adultes et moi je suis grand-mère !

Elle : Est-ce que tu as gardé les cartes postales ?

Dominique : Lesquelles, Milie ?

Elle : Je les ai laissées en partant sur la table de nuit dans ma chambre.

Dominique : Je ne crois pas que nous les avons encore, Milie. Tu sais, beaucoup d'enfants sont passés depuis que tu es partie !

Elle : Oh non ! (La déception de Milie s'affiche dans sa voix et sur son visage) Tu vas les retrouver, dis Dominique !

Dominique : Je ne sais pas Milie, mais tu peux venir, nous reverrons des photos ensemble, les photos des moments que tu as passés là. Avec qui viendrais-tu ?

Elle : Avec Michèle !

Dominique : Tu peux me passer Michèle ?

Milie me tend l'appareil. J'exprime alors à Dominique que ce projet est pour le moment essentiellement celui de Milie. Dominique me confirme qu'elle sera heureuse de l'accueillir et qu'elle peut réserver une chambre pour la personne qui l'accompagnera. Nous échangeons sur les périodes qui leurs conviendraient. Nous sommes alors en avril 1995.

Milie demande à parler à nouveau à Dominique et la questionne sur les enfants qu'elle a rencontrés là-bas, il y a maintenant presque quatorze ans ! Lorsque la conversation téléphonique est terminée, Milie ne parvient pas à contenir sa joie. Elle est debout, saute, trépigne et se frappe les mains l'une contre l'autre.

Dans son projet, Milie vient d'avancer d'un cran. Elle a osé confronter son désir à la réalité et a rencontré le désir de l'autre. Elle m'a aussi, du même coup, fait avancer.

Elle : Oh Michèle, s'il te plaît, je veux y aller avec toi !

A la séance suivante.

Elle : Alors, quand on y va ?

Moi : Dis-moi comment tu imagines cela ?

Elle : C'est quoi " imagine " ?

Moi : Tu le sais !

Elle : Eh bien, on va y aller toutes les deux, que nous ! Tu vas m'emmener, hein, Michèle! On sera bien, je te montrerai. Eux, ils savent comment j'étais... On va y aller huit jours. On s'en va, on prend ta voiture.

Moi : Tu as senti que Dominique était d'accord ?

Elle : Oui, elle est d'accord !

Moi : Il me semble que tu ne te demandes pas si j'ai, moi, envie de t'emmener.

Elle : Tu as pas envie Michèle ? Tu veux pas ? Moi j'ai besoin que tu viennes avec moi. Toi, tu les connais !

La question que je me pose est plutôt celle de savoir si c'est ma place de l'y accompagner. Je lui ferai, en outre, remarquer que je n'ai rencontré que deux fois Dominique et Serge pour des bilans de ses séjours. Milie reste toujours étonnée de ma différence. Elle semble persuadée que j'ai vécu et que je ressens les mêmes choses qu'elle.

Elle : Pourquoi t'étais pas là-bas avec moi ?

Je lui redonne alors les éléments de son évolution difficile qui nous ont amené à penser à ces périodes de séparation... Milie marque silencieusement un temps de surprise. C'est un peu comme si elle acceptait progressivement l'idée qu'elle n'était pas moi et que je n'étais pas elle.

Elle : Quand est-ce qu'on part ?

Moi : Je ne sais pas. Il faut aussi penser à ce que cela coûte, au prix du voyage, du séjour...

Elle : T'as des sous, Michèle !

Moi : Si je t'emmène Milie, je ne paierai pas avec mon argent. J'irai si cela a du sens dans le travail que je mène avec toi. Et toi, tu auras aussi besoin d'argent.

Elle : Mes parents m'en donnent !

Moi : J'ai aussi une autre idée.

Elle : C'est quoi ton idée ?

Je ne réponds pas car je réfléchis à la question que m'a posée plusieurs fois le Dr B., médecin-chef du secteur de psychiatrie adulte qui rencontre Milie une fois par mois :

- Que pourrions-nous faire qui ait du sens pour Milie, là où elle en est de son évolution et de son questionnement personnel ?

Peut-être le remboursement des frais occasionnés par ce projet pourrait-il être une forme de réponse judicieuse à cette question.

Elle : C'est quoi ton idée ? Parle ! On s'en va quand ?

Moi : Attends...

Elle : On s'en va quel jour ?

Moi : Je ne sais pas... Il faut réfléchir.

Elle : C'est quoi " réfléchir "?

Milie sait fort bien ce que c'est que " réfléchir " comme elle sait aussi ce que signifie " imaginer ", mais elle continue à éviter de penser autant qu'elle le peut et à tenter de " passer à l'acte " très vite pour ne pas se laisser sentir, comprendre, entendre, exister. Aujourd'hui, je le lui dis.

Moi : Milie, je crois que tu ne veux pas prendre le temps de réfléchir.

Elle : Dis pas ça, Michèle. (Ses yeux s'embuent de larmes.) Je sais pas réfléchir... Je sais pas bien faire.

Quelque chose, il me semble, vient de se passer. Milie était jusque-là dans le projet quasi tout-puissant d'un passage à l'acte. Il fallait partir très vite. Ce désir était accompagné de son inévitable sentiment d'impuissance : " je sais pas faire ".

Aujourd'hui, elle ne s'arrête pas là. Elle parvient à s'extraire de ce fonctionnement en tout ou rien pour se laisser sentir le doute : " je sais pas bien faire ". Là, nous pouvons nous rencontrer et commencer à mettre nos idées en commun. La séance se termine sur l'expression de son doute quant à ses capacités de réfléchir. Je la sens à la fois profondément humaine et profondément triste. Tout cela m'envahit et elle s'en aperçoit.

Elle : C'est rien Michèle !

Milie accepte difficilement que je lui montre mes émotions. Cela la renvoie trop aux siennes. En lui disant " au revoir ", je rajouterai que ce n'est pas rien pour moi de l'entendre exister.

Partir sans se perdre.

Le travail avec Milie m'épuise. Le retour aux sources dans lequel elle me demande de l'accompagner me bouleverse dans mon identité de psychothérapeute. C'est moi qui appelle " au secours ! ". J'ai l'intime conviction que je n'arriverai pas à mener ce travail sans reprendre mon souffle.

Quelques séances de " supervision " vont me permettre une meilleure analyse de mon investissement et de cette pratique. si originale et souvent si solitaire. Une petite pause m'est nécessaire pour faire le choix de continuer à être une psychothérapeute atypique, s'occupant d'êtres humains atypiques, dans des situations atypiques...

Après des questionnements parfois douloureux suivis de négociations nombreuses et souvent longues, c'est décidé, nous partirons trois jours et deux nuits chez Dominique et Serge T., dans le sud de la France. Milie a prévu de dormir une nuit chez eux, puis une nuit à l'hôtel pendant le retour. Des contacts téléphoniques avec la famille T. ont permis que tout cela se mette en place.

M. et Mme M., les parents de Milie, deviennent, eux aussi, partie prenante de ce projet, sentant l'importance que cela revêt pour leur fille. Ils ont préparé une bouteille de bon vin de 1982, dernière année où Milie est allée chez eux, et lui ont demandé de la leur remettre.

Milie a décidé de préparer un gâteau. Elle a en outre, fait seule, les démarches nécessaires auprès du Dr B. pour avoir de l'argent. Il nous sera remis le jour du départ.

M. le Dr B. et moi-même avons convenu que je prendrai une voiture du service.

Le " voyage ".

Il est huit heures du matin, un jour froid de novembre 1995 et nous nous retrouvons là, toutes les deux, devant la porte du bâtiment de psychiatrie adulte. Le surveillant me donne une enveloppe avec de l'argent en espèces, avance des frais de repas et d'hébergement, ainsi que des frais d'essence pour la voiture.

Milie me demande des explications :

- Mais c'est quoi ces billets ?

Elle a vite compris à quoi servira l'enveloppe concernant les frais d'essence, mais elle semble gênée que " l'hôpital " paye pour qu'elle mange et dorme.

- Mes parents m'ont donné de l'argent. Je peux m'en servir, et puis m'acheter ce que je veux !

Elle tient, serré contre elle, " son " porte-monnaie et me demande de garder dans ma poche, l'enveloppe contenant la somme avancée par l'hôpital.

D'une certaine manière, elle montre qu'elle est d'abord l'enfant de ses parents et non de l'hôpital, et elle a raison. Je le lui dis et elle abandonne ses questions autour du sens de l'argent pour un moment. Nous verrons qu'elle ne tardera pas à s'en préoccuper à nouveau.

Nous montons dans la voiture et me reviennent brusquement toutes les questions qui m'ont été renvoyées avant mon départ :

- Tu n'as pas peur de partir seule avec elle ? Et s'il t'arrive un problème en cours de route ? Ne faut-il pas être deux pour voyager avec une personne qui a des difficultés mentales ?

C'est l'empressement de Milie qui me tire de mes rêveries :

- Allez Michèle ! On y va! (Chacun son tour d'être dans sa bulle !)

Nous nous retrouvons rapidement sur l'Autoroute du sud.

- Je suis contente Michèle ! Je suis contente ! On s'en va toutes les deux. C'était important pour moi. Tu avais pas envie, toi non plus, que quelqu'un d'autre nous accompagne ?

Aurait-elle entendu mon questionnement silencieux ?

Il y a beaucoup de circulation sur l'autoroute ce samedi et Milie ne cesse de parler.

Je lui demanderai donc plusieurs fois de se taire comme on fait avec un plus jeune enfant. Cette fois, elle paraît avoir entendu qu'elle devait absolument garder son calme. Elle se tait ou presque, car je l'entends parler à voix très basse :

- Dix-neuf, vingt, vingt et un…

Je m'étonne silencieusement. Elle semble savoir compter... Est-elle en train de dénombrer des objets ? Je ne résiste pas au plaisir de lui poser la question.

- Qu'est-ce que tu fais Milie ?

- Je compte les camions. On en a dépassé vingt et un.

Et comme je lui dis mon étonnement de découvrir qu'elle sait compter, elle précise :

- Je sais compter les camions qu'on dépasse.

Etonnante Milie qui me rappelle la différence de nos capacités et de nos performances selon les situations que nous avons à vivre.

Nous faisons une pause sur une aire d'autoroute après avoir roulé pendant deux cent cinquante kilomètres environ. J'en ai besoin, peut-être une petite faim, la soif ou la tension de cette situation particulière.

Devant l'étalage des boissons et des pâtisseries du self-service, Milie saisit brusquement un jus d'orange, ne regardant personne et ne répondant pas à la serveuse qui lui propose autre chose. Lorsque celle-ci lui demande de payer, elle me tend son porte-monnaie. Elle fait tout cela rapidement, le regard fixé sur le bout de ses chaussures.

Je ne dis rien et paie avec l'argent qu'elle me tend. Elle apprécie son jus d'orange et moi, mon petit déjeuner. Dans ce lieu inconnu, les difficultés de Milie m'apparaissent beaucoup plus importantes. Le regard des autres est là, même invisible et la renforce dans son malaise. Milie vit cela si souvent ! Ici, elle se défend plus fort, laissant voir de manière encore plus manifeste sa " carapace ".

J'ai envie de la rassurer et en même temps, j'éprouve de la reconnaissance à son égard. En effet, n'est-elle pas en train de donner l'occasion aux êtres humains qui nous entourent de se rappeler que nous sommes tous très différents ? Je choisis donc de lui dire que je me sens bien avec elle ici, comme elle se montre. Elle me répond en riant :

- Moi aussi !

Je vois brusquement son corps se détendre. La force ou la vérité de cet échange vient de la rassurer.

Nous reprendrons la route quelque temps plus tard et discuterons des modalités du repas de midi. Elle choisira une cafétéria en me disant :

- Là, on peut se servir sans regarder et sans demander.

Nous arrivons dans l'après-midi dans la petite ville de B.. Il fait froid et nos pauses sont courtes. Avant de prendre le chemin qui va nous mener jusqu'au petit village où habitent M. et Mme T., je propose à Milie d'appeler ses parents pour les informer de notre arrivée. Elle accepte, mais ne sait pas se servir de l'appareil. Elle dit ne pas connaître non plus son numéro de téléphone. Je mesure à quel point les actes de la vie quotidienne la laissent démunie et j'appelle sa famille. Il n'y a personne chez elle, j'imagine alors qu'ils ne sont pas inquiets.

L'excitation de Milie monte :

- On s'en va Michèle ! On n'est pas loin maintenant !

Milie a reconnu la librairie et quelques magasins de R.. Elle cherche à retrouver le chemin qui nous amènera à destination. Au détour d'un virage, elle s'écrie :

- C'est là Michèle ! Tourne là, je reconnais, je suis venue me promener !

Sur la droite, il y a un petit chemin sans aucune indication. Je le prends. Milie a l'air si sûre !

Nous avançons en roulant doucement. Elle confirme le choix qu'elle m'a fait faire :

- Je me rappelle, je suis venue avec Dominique et les enfants, on a fait de la luge !

Rappelons que Milie n'est pas venue ici depuis l'âge de six ans, alors qu'elle semblait vivre dans un isolement total. Elle a maintenant dix-huit ans et tout est là, inscrit. De plus, elle sait le réutiliser.

Dans le village, Milie se perd peu, constate que les maisons ont changé et au détour d'une ruelle, crie à nouveau :

- C'est là Michèle, c'est là !

Je la sens débordante de plaisir. Elle court en m'entraînant, franchit la première barrière de la maison et frappe à la porte. Elle se précipite alors dans les bras de Serge qui l'attend.

La rencontre.

La soirée que nous allons passer tous les quatre reste pour moi, inoubliable.

Accueillir l'enfant en difficulté et vivre avec, cela a été le choix de Serge et de Dominique pendant de nombreuses années. Serge T. exerce par ailleurs, la profession de psychiatre dans une ville proche.

Cette soirée-là fut un accueil au sens plein du terme. Elle a permis la mise en place d'une vraie rencontre avec Milie qui a pu alors montrer son malaise intérieur, mais aussi sa capacité d'accéder au plaisir d'exister.

Comme pour fêter ces retrouvailles si particulières, il y a cette maison belle et chaude, ce feu de cheminée où se prépare une partie du repas, l'apéritif servi pour nous tous, des fauteuils qui invitent à lâcher, et puis le repas.

Notre bien-être intime semble s'installer en écho au confort du " dehors ". Dans ce nouveau tissu resurgi d'un autre plus ancien, la chaleur traverse chacun. Dans une excitation curieuse, Milie explore la maison avec Dominique et Serge et fait la remarque avec exactitude de tous les changements survenus. Elle se met à les questionner sur ce qu'elle faisait toute la journée avec eux.

Je vois alors Serge se lever, se diriger vers l'escalier et s'asseoir sur la seconde marche, entrant progressivement dans un rythme de balancement.

- Voilà l'endroit où tu aimais être si souvent, Milie !

Milie se lève à son tour et va s'asseoir tout près de Serge, en prenant soin de se positionner sur la première marche et non sur la seconde.

- Tu te trompes Serge, c'était là !

- C'est vrai Milie, j'ai les jambes trop longues pour m'installer sur la première marche, mais, toi, c'était bien sur cette première marche que tu aimais tant te balancer !

Quel plaisir d'entendre que tout est là, présent jusque dans le moindre détail ! Et quel espoir à nouveau contacté pour tous les enfants que l'on pense "absents " !

Le feu crépite dans la cheminée. L'apéritif est servi et nous passons à table. Les langues se délient dans le plaisir de la nourriture partagée. Serge et Dominique évoquent le temps où ils ont accueilli Milie et d'autres enfants. Ils ont maintenant mis fin à ce travail. Serge a depuis, repris son activité privée de psychiatre.

Après ces échanges, il se tournera vers Milie en lui demandant :

- Dis-nous, ce que tu aimes Milie et ce que tu n'aimes pas, ce que tu sens qui a changé pour toi.

Et à ma grande surprise (le mot n'est pas assez fort), elle répond :

- Je voudrais que ça reste un secret entre nous, mais maintenant, quand je touche, je sens que c'est chaud.

Si je n'avais pas été assise face à elle, l'entendant et la regardant, j'aurais juré avoir rêvé. D'abord sidérée, j'ai ensuite failli éclater de rire. Milie exagérait vraiment de parler ainsi de l'amélioration de son contact. Mais je n'étais pas au bout de mes surprises.

Dominique insiste :

- Qu'est ce que tu dis qui te fait si chaud, Milie ?

Milie approche alors sa main de celle de Dominique, arrêtant son geste avant l'effleurement.

- De donner la main, maintenant, je sens le chaud.

Milie "plante " brusquement son regard dans celui de Dominique et le plaisir de cette rencontre-là est tellement évident qu'aucun d'entre nous ne peut douter de son authenticité. Elle rajoute :

- Michèle, tu as emmené le caméscope, filme-nous, je veux garder ça !

Devant l'œil de la caméra, Milie va alors toucher du bout des doigts la main de Dominique, puis celle de Serge. Le silence emplit la pièce, comme pour mieux souligner l'intensité de ce qui se joue. Milie m'apparaît enfin comme pouvant exister et se relier sans moi. C'est un peu comme si la greffe commençait à avoir son identité propre, un peu comme s'il pouvait être enfin question d'un ailleurs où Milie était et où je n'étais pas. Un sentiment d'étrangeté m'envahit en même temps qu'une vague de plaisir qui ressemble à celui d'une mère voyant son enfant faire ses premiers pas. Je prends brusquement conscience que dans cette rencontre devenue possible, il y a un fil invisible qui rassemble, combine, en y mettant du sens, l'histoire d'aujourd'hui et celle d'avant, celle qui semblait ne rien raconter, celle de la forteresse que nous avions imaginée imprenable.

Milie, lentement se remet à manger, Dominique et Serge aussi. Puis peu de temps après :

- Tu sais Michèle, maintenant je crois que je peux aussi sentir la chaleur avec toi.

Milie me tend sa main ouverte et j'y mets la mienne. C'est moi qui au bout de quelques minutes, mettrai fin à ce contact. Alors, elle devient triste, comme ne voulant pas lâcher ce qu'elle vient de découvrir. Je tente de la rassurer en lui confirmant que ce qui vient de se passer arrivera à nouveau, et qu'elle pourra retrouver le plaisir de toucher chaque fois qu'elle le souhaitera.

Puis Dominique l'interroge sur le plaisir qu'elle a avec les jeunes de son âge. Une fois encore, Milie parle avec authenticité (mais sait-elle être autrement qu'authentique ?) d'un vécu de sentiments très contradictoires.

- On nous a retrouvés dans les waters, tous les deux, avec B. Fallait pas le faire. C'est pas beau de se toucher... C'est dégueulasse de faire l'amour ! Tu fais l'amour, toi, Serge ?

- Oui, et moi je trouve ça très agréable de faire l'amour avec Dominique. C'est très agréable de faire l'amour quand on aime !

Et comme Serge ne se dérobe pas, Milie insiste :

- Ah non ! Beurk ! Qu'est ce que t'en penses Dominique ?

- Je trouve aussi que c'est agréable de se faire des caresses et de faire l'amour quand on s'aime.

Mais Milie défend avec fougue son point de vue :

- Moi c'est pas mon idée ! Déjà toucher... Alors rentrer... Ah non... C'est dégueulasse!

Alors Serge caresse le visage de Dominique tout en s'adressant à Milie qui les dévore des yeux !

- Tu sais Milie, je crois que quand j'avais dix-huit ans comme toi, moi non plus, je ne trouvais pas ça très agréable de faire l'amour et puis c'est venu petit à petit. J'ai eu de plus en plus de plaisir pour moi et pour l'autre. Tu vois, la peau c'est doux, les caresses, c'est agréable pour soi et pour l'autre.

Milie se tait un long moment. Elle est pensive, puis silencieusement et avec une tendresse que je ne lui ai jamais vue jusque là, elle glisse sa main droite dans celle de Dominique et sa main gauche dans celle de Serge.

J'ai les larmes aux yeux.

La toile grise

Ils ont filé la laine et tissé le coton,
Mélangé les couleurs, souvent changé de ton.

Ils s'étaient installés tout au bout du chemin,
A l'abri d'un vieil arbre, il me semble, un grand pin.
Des mois se sont passés, peut-être des années
Avant que je remarque leur présence effacée.

Ils allaient et venaient du grand pré au ruisseau,
Lavant, séchant, filant leurs immenses écheveaux
De laine grise. Comment étais-je arrivée là ?
Qui m'avait déposée ? Depuis quand et pourquoi ?

Accroupie sur le sol, je sentais leur présence
Animée et joyeuse, un peu comme une danse.

Imperceptiblement, je me suis approchée.
Sur d'immenses métiers des fils étaient tissés
J'ai détourné la tête, et en fermant les yeux,
J'ai pris du bout des doigts les longs tissus soyeux.

Je sentis doucement mon corps se réchauffer
Au contact caressant de tout ce qu'ils créaient.
Allais-je oser un geste, un regard, un soupir
Un mot ? N'allaient-ils pas trop vite me retenir ?

Alors, j'ai allongé mon bras, tendu la main
Vers celle qui lentement passait le fil de lin,
Ensemble nous avons tissé lin et coton,
Mélangé les couleurs, et puis changé de ton.

Troisième partie

"Il y a une fleur... Je crois qu'elle m'a apprivoisée"

(Extrait de la psychothérapie)

Séance n° 1 :

Elle : Je suis pas contente de Françoise, mon éducatrice, elle m'a dit que j'étais pas une jeune fille de vingt ans, que j'avais l'air d'une petite fille... Elle veut que je mette des jupes et puis des colliers et des bracelets, moi, j'aime pas ça !

Moi : Tu n'aimes pas ça ?

Elle : Non, personne s'habille comme ça chez moi. Mes sœurs et puis ma mère, elles sont en pantalon et pas de bijoux. Moi si je mets une jupe et un collier, je me sens pas de ma famille... Dis Michèle, toi, qu'est-ce que tu penses ?

Moi : Je crois que c'est important pour toi de sentir que tu fais bien partie de ta famille.

Elle : Elle a rien compris mon éducatrice, hein, Michèle ?

Moi : Je crois qu'elle a envie que tu ressembles à toutes les jeunes filles de ton âge et qu'elle pense que tu peux faire un effort pour être comme les autres.

Elle : Non, je veux pas parce que je sens que je suis plus du tout de ma famille.

Ainsi, Milie cherche sa route, tente de s'y reconnaître dans ce dédale d'identifications proposées. Pour elle, l'essentiel reste, semble-t-il, de se sentir entière, enfant de ses parents, et appartenant à sa fratrie.

Elle : Et le prof de gym ! Il veut que je fasse du patinage. Moi je veux pas Michèle. (Sa voix prend alors un timbre particulier et ses yeux s'humidifient.) Je tombe et ça va tout se casser, les genoux, le dos, je veux pas Michèle, je veux pas ! Je peux pas Michèle! J'ai trop peur ! Aide-moi !

Moi : Comment je peux t'aider ?

Elle : Aide-moi, je veux trouver ma force pour lui dire ! On joue, tu sais Michèle, comme on fait d'habitude.

En effet, les jeux de rôle font, depuis longtemps maintenant, partie de la panoplie de techniques que Milie sait utiliser.

Moi : Veux-tu prendre le rôle de M. B., ton prof de gymnastique ou bien ton propre rôle, Milie ?

Elle : Je veux apprendre à dire " non ". Je veux pas faire de patinage. Tu as qu'à me faire peur comme M. B..

Et le jeu commence, je lui demande des informations sur le caractère de M. B., sa façon de parler, les mots qu'il prononce... Ceci fait partie du travail, lui permettant déjà d'exercer un contrôle sur ce qui l'effraie tant !

Elle : Il est grand, il crie fort, il me fâche, il me dit de faire comme les autres !

Moi : Et toi que vas-tu lui répondre ?

Elle : Je vais lui dire : " non, je vais rester sur le côté, je vais regarder ! "

Le travail est mis en place. Milie tient son propre rôle. Elle demandera à refaire le jeu plusieurs fois, comme pour se sentir suffisamment entraînée. Elle y met fin, épuisée. " Un vrai boxeur avant le combat ", pensais-je en voyant ce tout petit brin de fille faire tant d'efforts dans un face à face qu'elle veut gagner. Je la quitte en lui disant : " bravo ".

Séance n° 2 :

Elle : Ca y est, tu sais, j'ai gagné, j'ai pas patiné ! J'ai trouvé ma force. Je suis contente !
   Dis Michèle, c'est quoi des amis ?

   Ses questions sont si directes qu'elles me laissent sans voix. Il me faut un moment pour imaginer de quoi elle veut me parler et un long silence s'installe.

Elle : Tu réponds rien, Michèle ! C'est quoi des amis !

Moi : Pourquoi me demandes-tu cela Milie ? Tu ne sais pas ce que c'est qu'un ami ?

Elle : Si... Combien tu as d'amis ?

Moi : Je crois que si je regarde ma vie, je peux maintenant compter mes amis sur les doigts de la main.

Elle : Cinq et cinq, tu as dix amis ?

   Ah, cette pensée concrète, ces mots pris au pied de la lettre, Milie reste une championne dans ce domaine !

Moi : Ce que je voulais te dire, c'est que je crois qu'on ne peut pas avoir beaucoup de vrais amis.

Elle : Combien tu as d'amis ?

Moi : Trois ou quatre, pas plus, je ne crois pas.

Elle : Est-ce que je les connais ?

Moi : Tu n'en connais qu'une, Barbara, qui travaille dans le service. Les autres, tu ne les connais pas.

Je dis cela lentement, sa question n'est pas simple. Une fois de plus, j'ai choisi de répondre en mon nom. Je sais à quel point elle a encore besoin de me sentir penser pour savoir où elle en est. Je lève alors les yeux vers elle, et, je m'aperçois qu'elle a le regard plein de larmes. Au milieu des sanglots qui maintenant l'agitent, elle parvient à poser quelques mots.

Elle : Moi, j'ai qu'une amie... C'est toi…

L'envahissement émotionnel dans lequel je me suis sentie n'a trouvé de traduction que dans le souvenir de cet extrait du Petit Prince : " Il y a une fleur... Je crois qu'elle m'a apprivoisée "

Milie est triste et je sens en moi l'envie de la consoler, de lui dire qu'elle est, elle aussi, mon amie... Je choisis de ne pas le faire pour l'aider encore dans la différenciation de tous les sentiments qu'elle découvre progressivement. Car elle n'est pas mon amie, elle est bien autre chose, elle a pris une telle importance que j'ai besoin de l'écrire, mais elle n'est ni ma confidente, ni mon soutien. Elle me tire alors de ma rêverie.

Elle : Je sais pas ce que c'est des amis... Moi j'ai ma famille. Michèle, je les aime et je veux pas que le temps passe. Je veux pas mourir.

Une fois de plus, Milie me laisse sans voix. Je viens d'entendre qu'elle " aime ", et qu'elle n'a donc plus seulement accès à des émotions, mais à des sentiments qui lui permettent d'entrer définitivement dans la relation humaine. Elle aime et, du même coup, exprime son envie de vivre et sa peur de mourir. Je lui confirme que sa famille est essentielle pour elle, en ce moment. Certains trouveront peut-être bizarre de réaffirmer des liens familiaux au moment où une adolescente devrait penser à les assouplir. Milie n'en est pas là. Elle se situe à l'étape de la création et de la consolidation des liens. Elle est dans un moment qu'il me semble important de reconnaître et de respecter.

Séance n° 3 :

Elle : Dis Michèle, il aura des images ton livre ?

Moi : Je ne sais pas. Je ne crois pas... Tu voudrais qu'il ait des images ?

Elle : Oui.

Moi : Pourquoi ?

Elle : Ça serait plus beau. Et puis, j'aime pas les livres sans images... Je sais pas bien lire... Enfin j'aime pas ça. Mon éducatrice, elle m'a dit : " C'est pas acquis, cette lecture ! " Elle m'énerve, c'est trop difficile !

Moi : Et quelles images tu aimerais y voir ?

Elle : Je sais pas... T'as qu'à mettre des photos. Des photos de quand j'étais petite !

Moi : Je ne crois pas que je ferai cela. Je dois garder tes secrets.

Elle : Moi, j'ai plein de photos. Je vais toutes te les emmener.

Décidément, Milie ne veut pas entendre parler du maintien de la confidentialité de son identité. Elle semble vouloir, elle aussi, dire quelque chose d'elle-même, à sa manière, avec ce qu'elle a à sa disposition. N'est-ce pas encore un moyen de me rejoindre, en tentant d'écrire avec moi, ce qui ressemble de plus en plus à " notre " histoire ?

Moi : Qu'est ce que tu en penses de ces photos ?

Elle : Moi, quand j'étais petite, je souriais beaucoup. C'est pour ça que mes parents ont fait beaucoup de photos.

En affirmant si vite et si fort que tout allait bien lorsqu'elle était petite, elle tente peut-être de se débarrasser des questions que pouvait susciter le regard des autres sur son étrangeté. C'est ce que je crois repérer et je lui rappelle l'inquiétude de ses parents autour du bébé qu'elle était et qui, justement, ne souriait pas.

Elle : Tu te trompes, Michèle, moi je sais que je souriais. Et puis tu connais pas les photos. Comment tu peux savoir ? Tu te trompes Michèle !

Milie bougonne, elle fait l'expérience de ressentir des contradictions terribles. Il y a en elle, son désir de me convaincre de la nécessité d'avoir une histoire d'humain, une histoire qui réconforte, et permette d'entrer dans la " norme ". Il y a en elle, en même temps, le doute que je mets sur sa bonne santé de petite fille.

Tout cela l'agite. Elle se lève, se frotte les mains et affolée, parcourt la pièce en tout sens.

Elle : Tu te trompes Michèle, t'as rien compris, tu te trompes, je souriais !

Séance n° 4 :

Moi : Bonjour Milie!

Elle : Bonjour.

La montée des trois étages jusqu'à la salle de psychothérapie est silencieuse et je le respecte. Habituellement, Milie s'arrange pour faire la conversation. Elle sait maintenant parler de tout et de rien. Aujourd'hui elle me paraît bizarre. Je pressens qu'elle attend que nous soyons arrivées et que la porte soit fermée.

Dans la salle, Milie s'assied et se tait. Moi aussi. Elle sait maintenant que c'est elle qui "choisit" ce qu'elle veut travailler. C'est son silence qu'elle amène aujourd'hui. Un

160

silence des mots, enfermé dans un corps qui manifestement souffre et se retient.

Je la laisse vivre cela pendant quelques minutes, le temps de sentir le cadeau qu'elle se fait à elle-même en acceptant toutes ces vibrations émotionnelles et en expérimentant en même temps sa capacité à les retenir. Commencerait-elle à pouvoir quitter cette familiarité excessive qui la fait entrer dans la "bulle" de l'autre sans aucune retenue ? Deviendrait-elle enfin prête à créer, pour elle-même, sa propre enveloppe ?

Moi : Qu'est-ce qui ne va pas, Milie ?

Elle : (Elle se lève brusquement de sa chaise.) Je suis en colère contre toi !

Elle m'a jeté ces mots-là à la figure avec une telle violence que j'ai le sentiment d'un abcès qui vient de s'ouvrir. Lorsque quelqu'un s'exprime avec cette force, nous avons coutume de dire qu'il est " hors de soi ". C'est là le contraire qui se passe, Milie est en elle et le crie.

Elle : Je suis en colère contre toi. J'ai pris tous les albums photos de quand j'étais petite. Tu t'es trompée ! Je souriais ! Ma mère me l'a dit aussi, je souriais ! Je ne t'aime plus ! Tu es méchante ! J'ai pas besoin de toi !

La famille, c'est le plus important. Maintenant j'aime tout le monde plus que toi, Mme M. (son orthophoniste), M. B. (le psychiatre qui la rencontre en psychiatrie adulte) et mes parents et mes deux sœurs. Je ne t'aime plus. Je trouverai quelqu'un d'autre que toi pour m'aider !

Je dois dire que cette dernière parole me va droit au cœur. Milie, en même temps qu'elle refuse d'avoir été une enfant qui ne souriait pas, confirme son besoin d'être aidée.

Je me sens un peu déstabilisée par l'expression aussi ouverte de sa colère. J'imagine que lui dire qu'elle ne souriait pas, c'était peut-être lui dire qu'elle n'était pas une enfant

" aimable ".Je tente de réajuster mes propos, bafouillant au milieu de tous ces fils tissés de manière si complexe...

Moi : Je me suis peut-être mal exprimée, Milie. Je pense que, sur les photos, quand tu étais petite, tu devais être une très jolie petite fille.

Elle : C'est trop tard, je ne te pardonne pas ! Et puis tant pis pour toi. J'ai pas besoin de toi !

Au cours de cette séance-là, Milie semble parvenir, après avoir ressenti une importante frustration, à trouver dans ses ressources personnelles, le moyen de ne pas perdre pied.

Brazelton a créé dans l'échelle de développement du nourrisson un indice de consolabilité. Pour anticiper la consolation, il est d'abord nécessaire d'accepter de ressentir la frustration, puis d'imaginer que l'intervention de l'autre va pouvoir combler le manque.

Ces deux étapes-là, habituellement présentes chez le nouveau-né, ne l'étaient pas chez Milie, comme chez la plupart des enfants autistes. Nous pouvons maintenant repérer quel chemin elle a fait, elle qui peut maintenant envisager que le recours à un " autre " va enfin pouvoir la restaurer.

Séance n° 5 :

Milie m'attend très souriante, et de manière tout à fait exceptionnelle, c'est elle qui me salue la première et qui m'entraîne d'un pas alerte jusqu'à la salle de psychothérapie. Là, elle s'installe.

Elle : Bonjour Michèle !

Moi : Bonjour Milie !

Le ton est léger pour l'une et pour l'autre. Une fois arrivée dans la salle, elle continue sur le même ton blagueur, tentant, il me semble, de m'entraîner dans son rythme..

Elle : Tu vois, aujourd'hui, j'ai vraiment envie de rien faire du tout ! (Elle s'assied sur la petite table, puis s'allonge complètement et tend le bras dans ma direction, venant poser sa main à quelques centimètres de la mienne.) Y a des jours comme ça, hein !

Moi : Oui, y a des jours comme ça.

Elle : C'est quoi ces photos ? (Milie regarde ce qui est accroché au mur et qui concerne d'autres enfants.)

Moi : Tu as envie de parler de toi ? Ou bien de tout et de rien ou bien encore des photos des autres ?

Elle : J'ai pas le droit de parler de rien, Michèle ?

Moi : Si, quand on a eu beaucoup d'émotions, on a besoin de se reposer.

Elle : Tout le monde parle pas comme moi, hein ! Pourquoi Marie, elle parle pas ? Pourquoi toi, tu l'as pas aidée à parler ? Est-ce que c'est ça l'autisme ? C'est la maladie de Marie ou bien c'est la mienne ?

Tu as eu envie de t'occuper de moi, hein ! Pas des autres ! C'est vraiment pas intéressant, ceux qui parlent pas ! C'est pas intéressant...

Moi : Tu as eu besoin de parler. D'autres, non. On ne suit pas tous, le même chemin.

Elle : Mais toi, tu aimes mieux ceux qui parlent !

Moi : J'étais très heureuse que tu veuilles bien parler. Depuis, c'est un peu plus facile de se comprendre.

Elle : Je suis d'accord avec toi !

Moi : C'est agréable d'être d'accord, ça n'empêche pas non plus, à d'autres moments, de ne pas être d'accord, puis encore après d'être à nouveau d'accord...

Elle : Non, c'est mieux d'être toujours d'accord.

Moi : Ça t'a fait mal la dernière fois de ne pas être d'accord avec moi !

Elle : On parle plus jamais de ça, Michèle, t'as bien compris ?

Milie montre à quel point elle a besoin de faire la paix avec moi après un moment si douloureux. Elle met aujourd'hui une énergie farouche à tenter de me faire plaisir et surtout peut-être à ne plus ressentir toutes les émotions liées au positionnement conflictuel dans lequel elle a osé se mettre à la séance précédente.

Séance n° 6 :

Elle : J'ai eu une idée pour le livre, t'as qu'à dessiner !

Moi : (Après un temps de surprise et d'hésitation.) Non, moi j'écris. Mais toi, tu pourrais peut-être dessiner !

Elle : Moi j'aime pas dessiner... Je sais pas faire. Je sais pas dessiner.

Milie a raison, elle n'aime pas faire, ne sait pas faire, elle parvient juste à savoir être, à se sentir être. " Faire " c'est affirmer encore un peu plus fort son existence. " Faire " c'est " être " et montrer qu'on " est " en laissant une trace de ce que l'on est.

Et puis faire, dessiner en l'occurrence, c'est laisser mon désir entrer en elle et accepter de le faire sien. Cela, c'est encore une démarche tellement difficile et qui lui demande une telle souplesse ! Elle qui fait encore tant d'efforts pour tenir debout, voilà qu'elle se sent à nouveau bousculée, et qu'elle craint de tomber.

Toutes ces pensées me traversent et pourtant je vais tenter de forcer un peu le barrage. Je mets sur la table des feuilles blanches et des crayons de couleur.

Je la sens se raidir. Elle prend du bout des doigts la feuille la plus proche, puis lentement avance la main vers le crayon et prend le plus pâle (rose pâle). Elle vient d'accepter de "faire", de se dévoiler, mais en faisant des compromis, comme toujours. Elle dessine, mais ne montre que la surface des choses, ne se livrant qu'à moitié. Ses productions sont sans épaisseur et sans vie. Elle semble bâcler le travail pour souffrir moins longtemps. Puis elle étale sur la table les feuilles où elle a laissé sa trace. Elle n'en garde qu'une et fait lentement glisser toutes les autres sur mes genoux. Elle les dépose un peu comme, il y a maintenant bien longtemps, elle se déposait elle-même, avec cette froideur qui fait partie de sa construction comme de la texture et de la couleur de ses dessins. Alors que je range les précieuses traces, je vois son corps quitter progressivement sa raideur.

Moi : Comment te sens-tu, Milie, maintenant ?

Elle : Tu voulais que je dessine, Michèle. Ça m'a fatiguée. Le dessin le plus réussi, c'est le " pack ". Prends-le et mets-le dans ton livre !

Elle me tend alors sans hésiter, le dessin d'un enfant dans un ventre !

Je l'ai pris pour mon livre, comme elle me l'a demandé et je l'ai mis en couverture, peut-être encore, comme une autre enveloppe...

Je tiens à remercier M. et Mme M., les parents de Milie, qui nous ont fait confiance et nous ont accompagnés tout au long de ce chemin, parfois bien périlleux. Ils avaient su, avant nous, regarder l'être humain, en deçà de l'enfant malade.

Merci aussi aux soignants du service de pédopsychiatrie de l'hôpital de Niort qui ont pris soin de Milie dans les différents lieux institutionnels, tout en soutenant le travail de la psychothérapie. Merci enfin à Mme le Docteur C., médecin-chef, sans qui cette prodigieuse aventure n'aurait jamais pu exister.

Bibliographie

ANZIEU Didier, *Le Moi-peau,* Paris, Dunod, 1985.

ANZIEU Didier, *Les enveloppes psychiques*, Paris, Dunod, 1987.

ANZIEU Didier, *Le Penser. Du moi-peau au Moi-pensant,* Paris, Dunod, 1994

AUSSILOUX Claude, MISES Roger, *Evolution de l'enfance à l'âge adulte* in : MISES R. et GRAND P. *Parents et professionnels devant l'autisme (* Flash informations, numéro hors série, n°220) Paris CTNERHI, 1997, pp 109-123.

BETTELHEIM Bruno, *La forteresse vide. L'autisme infantile et la naissance du soi,* Paris, Gallimard, 1969.

BUTEN Howard, *Monsieur Butterfly,* Paris, Seuil, 1987.

BUTEN Howard, *Ces enfants qui ne viennent pas d'une autre planète: les autistes*, Paris, Gallimard, 1995.

CYRULNIK Boris, *La naissance du sens*, Paris, hachette, 1991

CYRULNIK Boris, *Sous le signe du lien*, Paris, Hachette, 1997.

DOLTO Françoise, *L'image inconsciente du corps,* Paris, Seuil, 1984.

DOLTO Françoise, *La cause des enfants,* Paris, Laffont, 1986.

DOLTO Françoise, *Tout est langage*, Paris, Gallimard, 1995.

FREUD Sigmund, *Le moi et le ça in Essais de Psychanalyse,* Paris, Payot, 1981.

FREUD Sigmund, *Inhibition, symptôme et angoisse,* Paris, Puf, 2000.

KLEIN Mélanie, *La psychanalyse des enfants,* Paris, Puf, 1969

LACAN, *Le stade du miroir comme formation de la fonction JE.* Ecrits, Paris, Seuil, 1949

LEBOVICI Serge, *La relation objectale chez l'enfant*, Paris, Puf

MALSON Lucien *Les enfants sauvages...Mythes et réalité.*1964

MANNONI Maud, *L'enfant, sa maladie et les autres*, Paris, Seuil, 1994.

MAZET Philippe, LEBOVICI Serge, *Psychiatrie néonatale*, Paris, Puf, 2000.

MAZET Philippe, LEBOVICI Serge, *Autismes et psychoses de l'enfant*, Paris, Puf, 1990.

PANKOW Gisela, *L'homme et sa psychose*, Paris, Aubier, 2001.

PERRON Roger, RIBAS Denys, *Autismes de l'enfance*, Paris, Puf, 2000.

SHILDER P. *L'image du corps*, Paris, Gallimard, 1968.

SPITZ, De la naissance à la parole, Paris, Puf, 1968

THIS Bernard, *La requête des enfants à naître*, Paris, Seuil, 1982.

THIS Bernard, *Le père acte de naissance*, Paris, Seuil, 1991.

THIS Bernard, ROUSSEAU Pierre, DUGNAT Michel, *Naissance et développement de la vie psychique*, Paris, Eres, 2000.

TUSTIN Frances, *Autisme et psychose de l'enfant*, Paris, Seuil, 1977.

TUSTIN Frances, *Les états autistiques chez l'enfant*, Paris, Seuil, 1986.

VASSE Denis, *L'ombilic et la voix*, Paris, Seuil, 1974.

VELDMAN Frans, *Haptonomie, science de l'affectivité*, Paris, Puf, 1990.

WINNICOTT Donald.Woods, *Jeu et réalité. L'espace potentiel*, Paris Gallimard, 1977.

Il est important de faire référence aussi au savoir non-écrit, celui des soignants d'enfants autistes, celui des enfants eux-mêmes, celui enfin que nous portons chacun, souvent à notre insu, à l'intérieur de nous.

Poèmes

Anesthésie 19

Mémoire universelle 29

Pas là 53

Murs 57

Le chemin de ronde 61

Le jeu de cartes 71

Pack 83

Les bottes 91

Guérie ? 131

La toile grise 153

TABLE

Préambule 11

Chapitre 1 15
   Une enfant d' " ailleurs ".

   A la recherche d'un diagnostic 21
   Un bébé absent 24
   Entendre la famille " autrement " 32
   Confier Milie à des soignants 37

Chapitre 2 41
   La ferme thérapeutique du Pin.

   Présentation de la ferme du Pin 44
   Le quotidien au Pin 47
   Un premier bilan pour Milie 49
   Les séjours de rupture 63

Chapitre 3 67
   L'accompagnement psychothérapique.

   1ère partie 73
   Histoires de naissances.

   Le " Pack ". 75

Une grossesse possible 93
Le mal de vivre 98
A l'aide! 102
La greffe 108
L'interview 118

2ème partie 133
Quitter l'enfance.

La préparation d'un retour aux sources........................ 136
Partir sans se perdre.. 143
Le voyage 144
La rencontre... 148

3ème partie 155
Et maintenant...

Bibliographie 169

Poèmes 171

645455 - Mars 2016
Achevé d'imprimer par